程兆熊作品集
004

山地書

程兆熊◎著

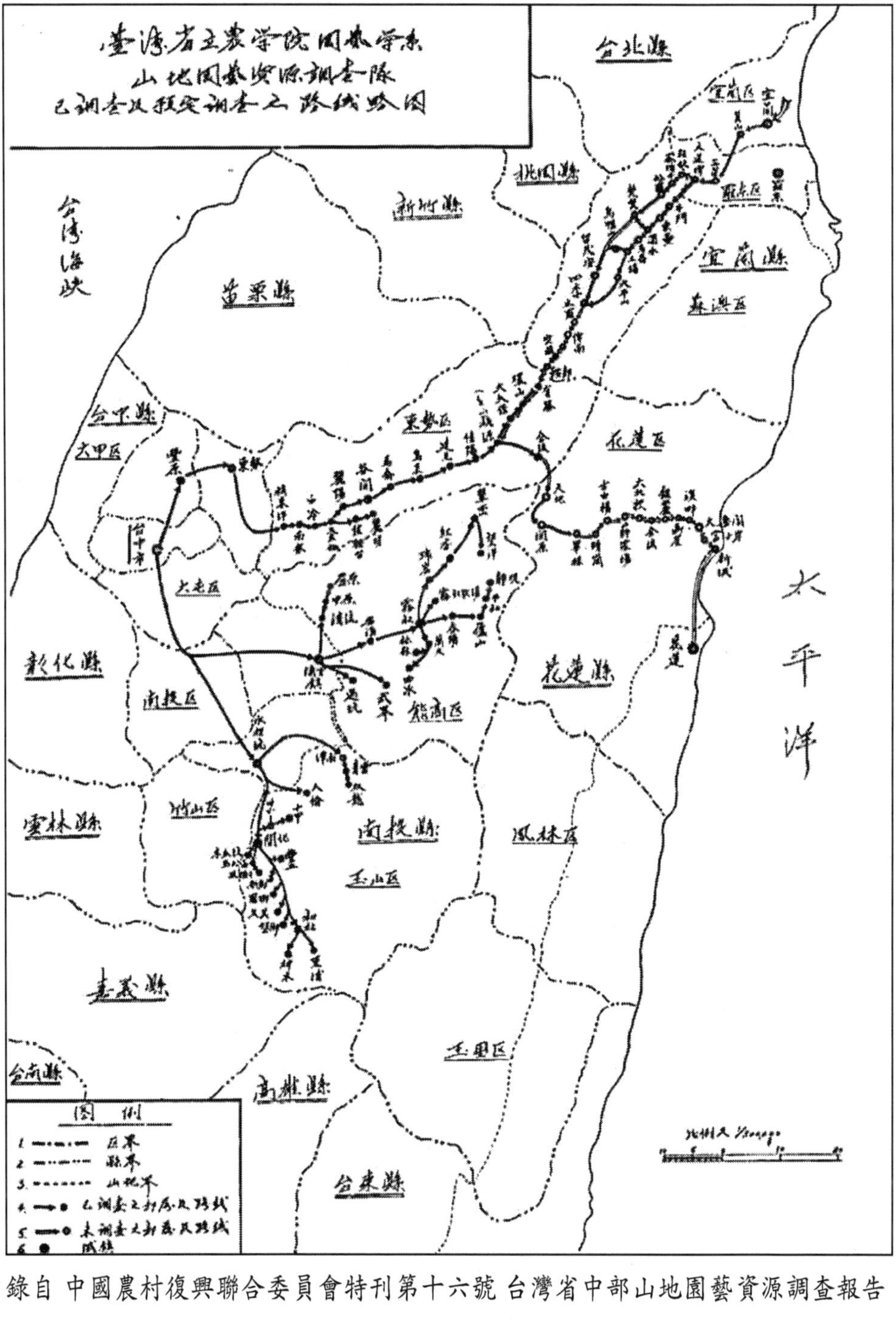

錄自 中國農村復興聯合委員會特刊第十六號 台灣省中部山地園藝資源調查報告

闢路開山

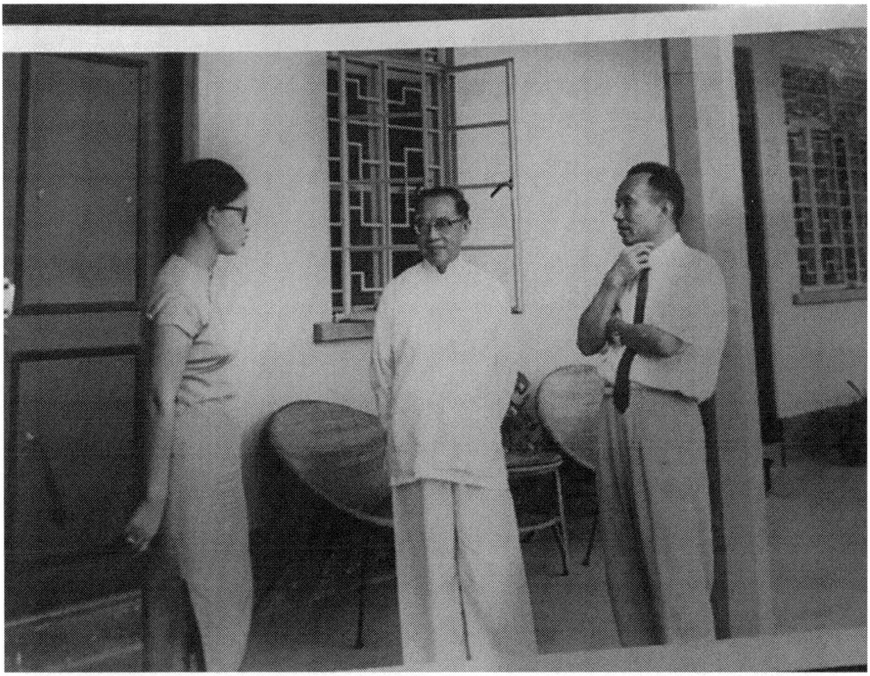

香港九龍沙田 錢邸 和錢穆夫婦閒話

香港時期 和唐君毅 謝幼偉於九龍沙田淨苑

程兆熊主持園藝系時.策劃山地園藝資源調查，入山前和山胞合影

程兆熊攝於台灣山地原始林巨樹下

程兆熊攜全家人從香港回到台灣，主持台中農學院園藝系，居台中忠義橫巷

前言

發現藏在臺灣山地裡的寶藏

環島旅行不只是生長在臺灣的每個人畢生想走上一趟的旅程，更是每一個外國旅者來臺旅遊的目標。這是可以依循呈東西橫向的臺灣三大橫貫公路：北橫、中橫與南橫公路的三橫，和中橫宜蘭支線、中橫霧社支線、新中橫公路與阿里山公路所串成的南北縱向路線的一暨輕鬆行進的。而攀登臺灣百岳更是登山健行者挑戰的目標，這是今時登山設備齊全及沿途有休息站且物資充足的娛樂行程。

回溯一九六〇年以前的臺灣山地狀況，若不帶著「入山求道」的思想情緒，除了工作及生活在那兒的人，估計一般人是想都沒有想過要進入這「有著溫帶和寒帶的氣候」的原始闊葉深林，正如程兆熊先生言，「高山之上，危巖之間，稍一慌張，就要跌下」。

惟程兆熊先生想證明臺灣是可以種植蘋果等落葉果樹，以駁斥當時農復會一些持反對意見的委員們，當然，這個起心動念起源於對應台灣當時經濟發展的農業政策。其時農復會主委沈宗瀚先生於一九六五年發表〈今後臺灣農業之新發展〉一文中，提到農業新發展之主要趨勢第一點即是「農業資源的開發」，以程兆熊先生的人脈背景與專業能量，農復會藉其長才是肯定的，相對於程兆熊先生對國家社會總期能貢獻一己之力之心思，從當年中日戰爭曾不顧博士學位取得與否，急欲趕回國加入抗敵可見一斑，此時不畏山險與豪雨天候的艱難，在農復會技正陸之琳先生的支持下，帶領臺中農學院（中興大學）師生連續三年寒暑假入臺灣山地園藝資源調研。

在程兆熊先生《山地書》中給唐君毅先生的書信裡如此寫著：「臺灣是屬於亞熱帶，而台灣的高山地區，卻有著溫帶和寒帶的氣候。在亞熱帶地區種植著溫帶和寒帶的園藝作物，這是臺灣的創舉，這也是世界園藝史上的創舉。」

臺灣蘋果之父

臺灣山地資源調查第一年從台中和平鄉開始，出谷關去青山、佳陽、桃源（今梨山，福壽山農場原是桃源的鴛鴦池）、環山、鞍部等處；第二年目標是信義鄉，經草屯、中興新村和埔里，上霧社，再兵分兩路去麻里巴和廬山；第三年就翻越中央山脈到大北投，太魯閣及至花蓮一帶，隨後又調查南澳大同等山地鄉，總共持續調查了五年，完成臺灣省中部山地園藝資源、臺灣省宜蘭山地園藝資源、臺灣省花蓮秀林鄉山地園藝資源等三份調查報告，這幾份報告直接開啓了臺灣山地種植蘋果、梨和水蜜桃等優質落葉果樹以及高冷蔬菜之扉頁，不僅考慮了臺灣山地的水土保持，關注整體的生態環境，改善了山地居民的生活條件，更促進了臺灣對外農業貿易的經濟發展。

「在高山地區辦果園，因爲是無人地帶，所以第一件事是築路，第二件事是蓋房子，第三件事是開墾，第四件事是繁殖苗木」。從程兆熊先生《九十回憶》中了解到，當時程兆熊先生透過農復會的協助，由全世界引回六十多個品種的蘋果苗木，所有採購的苗木必須在十二天內定植，這是指從當地的地裡拔起苗木開始算起，從當地用汽車運到機場，再由飛機載運到松山機場，再用汽車運到霧社，更得以人工扛到程兆熊先生當時住在山上的茅草屋內，一直到把苗木定植到果園的土地中為止。這是一個與時間賽跑的過程，遑論又得在六十多個的品種中種植試驗，找到最適合臺灣山地種植的品種，並持續到大量成功種植，以至於現在住在臺灣的我們，能一年四季享受到高品質的水果和高冷蔬菜，程兆熊先生自是臺灣種植蘋果的濫觴，堪可擔「臺灣蘋果之父」之名。

為往聖繼絕學 為萬世開太平

程先生在臺灣山地園藝資源調查期間書寫成《臺灣山地日記》與《高山族中》、《山地書》、《臺灣山地紀行》等四本書。於一九六二年借調到香港中文大學任教，十四年後的一九七三年五月回臺後，立即再受農復會之邀視察梨山、福壽山、武陵、梅峰、清境一帶，更爬上東眼大山、阿里山，便又以行記及地景詩模式書寫成一本《高山行》。這幾書讀來，彷如隨程先生一同進入那原始闊葉林中，感受到那裡的荒涼與原始，被吸血蟲鑽進腳底，被樹叢割傷掌心，彷佛為了找水源一同遇見那可能是通輯犯的三人，又似乎一起遇到豪雨土石流被原住民同胞背著過河，當然也一起行走在雲中，坐臥在山裡，一起發出「乾坤誰眼碧？」一問。程師的文筆輕鬆易懂，兼之將其哲儒道禪等學養思想放諸文字中，令人吟哦再三，產生身歷其境的無窮樂趣。

華夏出版公司發心出版《程兆熊先生作品集》，緣起於兩年前南懷瑾文教基金會執行長來訊息找程先生的書，我亦因此機緣開始接觸程兆熊先生生平，每讀一些，就憾自己不是程師的門生，怨未能早認識拜訪程師。如今因決定以《臺灣山地紀行》與《高山族中》、《山地書》、《高山行》四書首先重刊發行，獲得文化部的數位化補助，更因此尋找到幾位程師的門生，有蕭振邦、高柏園、蘇子敬、李重志、溫金柯、曾議漢、蔡隆銘、辜琮瑜諸君，諸位先生皆在學術及企業界發光，一聽是恩師之事，全然欣然應允之，我由此深刻感知到，程師人格之如其著作《完人的生活與風姿》般春風化雨，也一如其一生所言、所實踐之「簡單化」。程兆熊先生堪稱一「爲往聖繼絕學，爲萬世開太平」的一代實踐思想教育家。在此感謝林于弘和須文蔚教授及伍元和先生的共襄盛舉，要特別謝謝中華出版基金會前董事長楊克齊先生的支持，及水木書苑蘇至弘先生的協助串連書店，感謝三民書局重南店、島呼冊店、雨樵懶人、籃城、羅布森、日光山、政大書局台南店、有河等書店的共同參與，更謝謝心動電台協助宣傳。

李惠君　二〇二二年一月二十九日

自序

余不時上山，今已四載有餘。在此之際，記物之書有三，記行之作亦有三：此即《臺灣山地記行》、《宜蘭山地之行》及《臺灣山地日記》。而此《山地書》若合計在內，則爲四矣。此等山地書扎，或於山行匆匆時所寫，或爲山地下來時所寫，原皆不想發表者，但終被分別發表於〈人生雜誌〉、〈民主評論〉及〈大學生活〉等，其間偶然之機緣，眞是難說。

而發表之後，終覺此對妻室兒女兄弟朋友或長者之私言，公諸天下，或非其時，亦或乖其義，未免惶惑。而惶惑之餘，又覺既已發表，則索性集之於一書，並附以四十年之十四念，以貽青年，或於青年有益，亦或於己過可補。故又坦然。

而坦然之際，念前不見古人，後不見來者，側身天地，四顧蒼茫，直是許多話，皆無從說起。知我者，謂我心憂矣。

又此書之出版，承楊夢華、范大渝、裘曙舟及其弟亞衛諸君協助，附此誌謝。

程兆熊於臺北客寓中

目次

1. 有關山洪暴發

徽：昨日我由埤仔南出發，清晨帶領全隊人員向土場而行，滿以爲可以順利結束此次山地園藝資源之調查工作，不料途遇豪雨，背行李的人，雖生長山地，亦都不肯前進，任憑如何勸說，皆歸無效，只好留宿此名叫四季的高山部落中。今日豪雨仍繼續不止，且繼以狂風，更不能行。至何日能走，還須視天氣如何？山洪暴發，橋樑盡斷，就是天氣轉晴，橋樑一時亦難修復，看看去到土場已不是短期內所能辦到，而久留此間，糧食也成問題。大家覺得只有等雨稍停，爬至太平山頂，再下山至土場，才是辦法。計昨晨至今晨，一日夜間，天氣變化不測，我們的行止，也變化不測。說到我此際的心情，更是變化不測。我適纔寫了一張明信片給你。寥寥數語，寫罷茫然，深感未足。乃偷閒草此長函，且看能否稍一把捉此時此地的山中情景。

由埤仔南出發之前一日，我們曾獲得一個很好的休息，大家整理一些調查記錄，十分安閒。此乃因我們曾由埤仔南爬登二千公尺之高山，至宜蘭邊境之鞍部，又進至臺中縣境之有勝，再折還埤仔南，自晨至暮整日未停，過度疲憊，不得不爾。加以那天晚上，山胞又舉行晚會，表演山地歌舞，歡迎我們，還曾向我獻花，一直弄到十二時才睡，所以第二天，我便不能不讓大家休息，兼讓自己休息了。可是誰也沒有料到，就因這一休息，弄得目前進退兩皆不能，假如我們前日能夠一早從埤仔南出發，則當日天氣晴和，我們都安抵土場，而一到土場，凡事便告順利了。

我昨日的行止，眞是想像不到，我告別埤仔南時，天氣並不像會下雨，山地同胞，男男女女老老少少，還像對我們表示惜別的樣子。有的對我們發出極天眞可愛的笑，有的更說出我們聽也聽不懂的話，而我們自然也是極歡愉地報以笑語。就這樣我們一路行走，同時在路途之上，又不斷的遇到當地的山胞，他們或她們見了我們，個個都打招呼，絕不像大家在平地一樣，彼此遇見，如非相識，就望望然而去。山地人眞令人感到親切，他們或她們臉上畫的藍色的花紋，並沒有遮蓋著對人們所特有的一種極爲寶貴的情誼。帶著歌，帶著舞，對著人善意相迎，笑語相向，便無形中發出了一種力量。這力量是只有歸於根、歸於土的人們，方能具備著。人須有本，故應歸根，人須有據，故應歸土。遠離本根、遠離鄉土的人們，就只好隨風飄蕩。照目前的時代精神說，照目前的世界情況說，似乎只有這山地人才不是飄，不是蕩。他們和她們的力量像是無窮，因之他們和她們的笑語也像是無窮，而其原有的歌舞更像是具備著一種高山流水之意，只可惜近來一些改良的山地歌舞，把這一種密意，竟全般去掉了。

昨天我們到了一個大平臺地旁邊的一座小橋頭，我凝想了好一會，對人類的離根離土，誠不勝其惶惑之情。眼看山是如此高，水是如此清，天上的雲，開始浮動，風也開始輕颺。我一方面走得汗流浹背，一方面又有涼爽之意，我深深感到一個人要是一心向上而又能把心沉下來，這就歸了根，一個人要是一念平實而又能不辭勞苦，這就歸了土。同時有了本根，就可永續繁榮。有了基地，就可高起樓閣。道理是如此單純，道路是如此直截。我們一批人士，在這時，也眞是走得浩浩地。我們過了橋，沿山崖行，腳底下是浩浩蕩蕩地流著的水。我們還拍了照。隨後我們走入一塊荒原，又走到一片沙石之地。再過一危橋，穿過沙石地，就走進了一個名叫四季的地方。四季是在一個高山上的平臺地，房屋一排一排，看去異常整齊。由那附近去到土場有兩條路：一條是沿宜蘭濁水溪的河床而行，過一個橋，再赤足過水。又一條路是爬上山，穿過四季的部落，再下山，在河床上走，可以不過座橋和赤足過水。

我帶了一批人，走著前一條路，因爲怕赤足過水，大都折回走著第二條路，只剩下我和一位先生、一位學生繼續前行，不願回轉。但當走到一個崖嘴時，不能前進，而赤足渡水，水又太深太激，於是只好折回，想找個水平易涉處渡過去，又想憑一個竹竿跳過去，但都不能辦到，而天又下雨，看看到了原來走過的橋邊，遂又過橋回到那一上山的路徑，走到四季。這時雨更大了，我們第一天入山時，也在河邊遇到了豪雨，而大家又須赤足渡水，但那時候河水淺而能渡。豪雨雖濕透了我們的衣褲，但當我們由松羅經崙埤仔渡河至天送埤小火車站時，卻又雨過天青了。還有第一次由土場到四季停了兩晚之後，也是大雨不止，並曾在大雨之夜，開了一個晚會，山胞們冒雨來參加，歌舞到夜半，又冒雨而散。但第二日一早卻又天晴了，我們便都於當日很安祥地走到了埤仔南。這一次的雨，是我們在山中半個多月以來所遇到的第三次的雨，這第三次的雨卻下得特別不同，因爲它把我和一位先生、一位學生、另兩位隨同行李而行的同學留在四季，還把其他的師生和我們隔絕了。

有二十個人走在我們五個人的前面，當行李脫卸在四季時，我借警察分駐所的電話打到留茂安那一個山地部落的派出所，問他們的行止，果然他們都到了留茂安，留茂安是在四季至土場的中途，我要他們回到四季留宿，等明天一早再僱伕子同去土場，但他們因土場有招待所有被蓋，不願回頭，卻逕去土場了。雨愈來愈大，他們冒雨而行，而行李卻留在此地，這使我十分擔心。同時我的行李又先去土場，我與他們隔開，又和我自己的行李隔開。我借用了別人的被蓋，又穿上了別人的衣褲，洗漱用的東西也沒有。直到今天才買到了一根牙刷，同我來的先生也是如此，但他卻始終沒有得到牙刷。大家的狼狽是可想而知的。

昨晚我們五人擠在一間房晚飯，是在一位警員家裏吃，他是宜蘭市的人，但娶了此間山地的女子爲妻，飯菜由他的妻燒煮，味道好得很，她燒了一盤此間特產的木耳給我們吃，我們一下子吃光了。我們由她的丈夫陪著吃，她帶著她的兒女坐在房間的一角，彬彬有禮。山地女子一方面是山地的耕作者，一方面又是家庭的好主婦：樸實，天眞，平易，兩眼有神，牙齒潔白，說話又有一種好姿態和好聲音，沒有做作，稚氣和野氣自然難免，但這稚氣和野氣，卻眞正有其吸引力，而爲今日世界之所難得。

還有一位由埤仔南同我們回到四季的山地女子，經我們的窗口和我們打招呼，說了一些山地話，又說了一些日語，終於說出了一句國語道：「好痲煩。」她意思是：「我們這次在路上行走，遇到了雨，又不易找人背行李，留宿在此地，眞是好痲煩。」她的眼光很靈活，聲音很流利，穿戴著她的男友的雨衣雨帽，不三不四，卻顯出另一種風格，有點馬戲班裏的風味，更有點像唐人小說裏的紅拂女的丰采。我初看幾乎不認識，隨後才恍然，她是我們的同行者，而且在埤仔南，她還是住在我們隔壁的人。我們因爲認識埤仔南國民學校裏的一位外省教師，所以才認識了她。她站在我們的窗口和我們談了很久，終於又沿我們的窗子下冒大雨而行到別處，她另有一副神氣和神情，像有點飄忽，又有點奇巧，這構成了山地風光的另一異彩。

昨天我們沒有赤著足渡過宜蘭濁水溪，晚上留宿在四季，我心裏總是有點懊悔，有點不甘心。但當我們說起這一件事時，一位山胞就告訴我們一個故事，說是：前幾年有兩個外來人帶了九個工人由埤仔南到四季，那時溪水尙淺，僅僅到膝蓋，兩個人彼此相互攙扶著舉足涉水，走到溪中，溪水激得很，沖下右塊，打傷一個人的一隻足，另一個人扶著他，終於一同跌倒，溪水便把他們兩人沖走了兩百公尺，而且把沙石沖壓在他們的身上，把他們埋在溪中，只露出兩隻脚，直到第二天工人們才把屍身尋著。這裏的灘高水急，不識這裏的水性，要想赤足渡水，那是十分危險的。這使我們聽了大吃一驚，因爲我們昨天嘗試著赤足渡過的溪水，已深及腹，好在我們適可而止，否則就眞不知道要出什麼岔子了。起初我們以爲沒有渡過溪水，以致折回，以致留下，是一種不幸。至此我們方知我們沒有渡水是一幸事，折回留下，沒有冒著豪雨，濕透衣物，又是一幸事。而今日復因阻雨未行，以致能夠靜下來寫一點東西，想一點事情，心中若有所悟，自然也是一種幸事。對著幻變的天候，對著艱險的途程，對著起伏不定的心情，加以明天是否可以行走，今日絕難預知的行止等等，幸與不幸，似終於能夠淡然，這更像是一種幸事。入山以來，只最初幾天看了一點報，此後便一切世事，置之不聞不問，世界在山地，已顯得格外清平，而時光在山地，更顯得分外清晰。一切怎麼樣來，就怎麼樣去，凡百歸根結底是人事，歸土歸仁是性情。是眞實的，總不會虛假，這在山地，也顯得異常清楚。凡此都不能不說是對一個人的一大幸事。

臨睡時，我計劃著明天能夠改道上太平山頂，又靜念著入山以來的事件，離家時我的牙痛正劇，右臂又有風濕的病痛，到羅東被請去扶輪社講演，我忍痛對著一些人講解著一些扭轉乾坤的精神，隨後去松羅。松羅是一個很整齊雅潔的高山部落，由此傍山而行，經過一個小部落，便到崙埤仔。崙埤仔在兩山相合著的一個很深的斜坡上，前面頗有點水田，有股水。一部落分成三處，右邊一處有派出所，中間一處有國民學校，有操場，左邊一處則全是一排一排的山地人家。派出所的地址很高，我們在那裏休息了一會，後面有一條山路，可通臺北之烏來。離崙埤仔至河邊遇到大雨，在大雨淋漓之下，師生們的精神，頗有一些使徒們進入埃及的模樣。我由一山胞背著過了河，到天送埤，大家都說有兩個月沒有下雨了，我們一來到就下雨，眞是天送雨。我又靜念著由天送埤到了土場招待所以後，第一天到了瑪崙，訪問了當地的鄉中人士，第二天調查了牛鬪東壘和瑪崙的另一端，第三天大家調查了烏帽山。烏帽山在宜蘭濁水溪旁，像烏帽，有一塊四山環抱著的大坡地，像隔絕了世界的一切，有幾家人在那裏廣種著番茄，出售的價格很好，那眞像是別有鴻福的人家。第四天大家調查了土場招待所附近，那是沿著宜蘭濁水溪的支流。學生一人害病，那是位女同學，因爲入山證是寫我的名子，所以只得由我送至羅東，我在羅東還順便醫了牙病，夜來土場，月明如水，水聲潺潺，山色在月光下，雖是黯黯，但畢竟是青青的，又帶著一些神秘的景象，眞像撫慰著一世的人心。

由土場到留茂安，到四季，到埤仔南，到鞍部，到有勝。我靜念著留茂安，那是一個上依高山、下瞰溪水的部落，部落的房屋排列得狹而且長，看來像是冷落，我們未能一宿，就離此他往。我靜念著第一次來到四季，和此刻的重來四季，四季和我們眞是大有因緣。四季是此間山地的一個最大又最爲富庶的山地部落，內分上部落和下部落。目前我是住在上下兩部落之間的一所日式住宅中，從我住處看下部落，又看到宜蘭濁水溪自遠而至，這使我覺得四季另有一番氣象。四季的人們很安詳地而又極善良地，潛居在他們的一排一排的小小的木屋中，這自然也是必然會有著一種鴻福的。他們把他們目前的苦難，不放在心上，因之，他們也就不像有了苦難。既是如此，他們還不會有著一種鴻福嗎？我在他們爲我們冒雨開著的晚會中，對他們說：他們只要多多種植一些高貴的果樹和値錢的蔬菜，他們就不怕沒有美滿的將來。他們歌舞得好，他們就會飲食得好，他們飲食得好，他們就會教養得好，他們教養得好，他們就會思想得好，行動得好和貢獻得好。

我們在上部落調查時，會和一些山地的孩子們和男女山胞合照著相，他們和她們都哈哈的笑，笑得眞誠，笑得自在。埤仔南也分上下兩部落，但顯得有點破敗，那裏的水田頗不少，但長出的稻子，都生了蟲，看來是不會有多大的收穫。蟲子害了他們，但他們竟不去請求防治蟲害，這使我凄然。我靜念著由埤仔南爬一個陡峻的山坡到達鞍部和有勝，但那兩地都只有一片茅草，人行其間，有時竟不見人影。那裏原有派出所，但臺灣光復時，山胞們因恨日人的統治，便一把火燒掉了，現在只能見到一些遺跡。有勝原栽種了一些蘋果樹，但也被連帶燒掉了，現時只剩下幾株梨樹，而在鞍部則頗有一些樹莓和胡頽子給我們採食著，我們食了不少。那一帶也眞是一個好地方。宜蘭濁水溪和臺中大甲溪的最上流都出自鞍部，一個東流，一個西流。大甲溪上流，流至有勝，是異常清冷。我由鞍部進入臺中縣境之有勝，往返於長茅中，曾失足於崖邊跌了一跤，幸未跌落崖下。凡此我都靜念著，山行之事，深印腦際，深懷心中，時時靜念，竟成一樂，悠然睡去，不覺天明。

今天一天都是雨，宜蘭濁水溪的水勢洶洶，水聲響得可怕，水色則儘是灰黑，雖然浪花也有，但仍看不見白色。萬山之中，就像由此激盪起來，只不過山地的人們看慣了，毫不在乎。他們有的來到我們的窗口，說上幾句話走了，又有的來到我們的窗口，談了幾句話走了。彼此熟悉了，彼此就成了密友，我們擔心著我們明日的行程，他們也就關心著我們明日的行止。我們早晨吃了一頓小米粥，中午吃了一些罐頭和番薯，晚上則準備吃一隻鴨，在此睡足了，也吃飽了；怕的只是同隊的其他二十人沒有行李，沒有衣著，總希望明天能夠爬登太平山頂，再叫他們也上來，或者由我們派人先送衣著給他們，好讓大家重新聚首。

草此　即祝

你好

2. 有關濁水山林

徽：前函說因颱風，大雨，橋樑沖斷，故被阻於高山族人所居之四季，進退俱不得，欲轉變行程，爬至太平山頂，再繞至目的地。惟第二日天氣轉好，風雨頓息，山洪亦漸退，宜蘭濁水溪之水勢，已不似昨日，遂決定仍取道原路而行，不去冒一絕大之艱險，爬山繞道了。

清晨起來，仰觀天色，心中暗喜，但仍是深憂。天變一時，由雨而晴，自亦不難由晴而雨。山頭雲霧欲散未散，簷前猶是雨餘後的一滴一滴，這時取道太平山頂或是取道濁水溪旁，眞是需要一個很大的決策。背行李的人僱好了，一律都是身強力壯的男子漢，年紀也很輕，內中有一位還是山地極有希望的運動家。他們和警員的意思，都認爲天將不會下雨，可以傍水而行，不必爬登太平山頂。而我和一位先生也覺得繞道不僅吃力，而且還怕和其他的同行而走散了的人們，不一定可以碰得到，所以便放棄了由四季一直爬登太平山頂的計劃。

我們一行五人，再加六名背行李的山胞離開四季以後，天氣已看看越來越好，四圍山頭的雲霧，已愈來愈開。繞著四季村的濁水溪，水聲雖是激盪得可怕，而且還夾雜著水中石與石相沖擊的聲音，但行程既已決定，也就顧不了許多了。我們準備渡水，起初是渡小水，這小水是從山頭奔流到濁水溪中的小水。雖說是小水，但水面也並不如何狹窄，流也激急得很，那是清水，不是濁水，但一流入濁水溪，便變了顏色。我們過的第一條小水是離四季約二公里處，當時我想找一處最窄的所在跳過去，但不可能，大家也勸我不要冒險。有一位青年山胞帶著他的太太和一位小孩先我們渡了水，他看見我徘徊水邊，便渡水前來我的身邊，要背我渡過去。我用雙手撐住他的兩肩，水淹過他的膝蓋，這原不算很深，但水打在他的腿上所激起的浪花，卻委實有點駭人。水底是亂石，稍一不慎，便會跌跤，一跌跤，便又會被水沖走。我好不容易地被他背著渡了水，我向他表示我的謝意，他微笑著，他的太太在旁也微笑著，山地人眞是有一股豪氣，既會爬山，又會涉水，這使我想起水滸上的阮小二和阮小七。我們一同走著，路上有一段又成了一條小溪。我打了綁腿，又有點顧惜著一雙鞋子，不願弄濕，所以從旁邊的茅草中行，起初還可以行得通，但以後卻過不去，於是一位我的學生又背著我走過去。隨後那一位山地青年夫婦和孩子去到濁水溪的河床一側，和我們分手了，我們繼續前行著。

又遇到一條溪水，橫在我們的面前，那也是一條小水，從山頭奔流而至，清得很又急得很。在我們初由土場到四季時，那一帶一點水也沒有，只是乾著的溪床，但現在卻成了一股雖小而極凶猛的水。山地的水眞是來得飄忽，但也去得飄忽。那水阻擋了我們的去路，我們自然必須要渡過去。我們一行五人都無法渡水，於是便由六位背行李中的五人前來，把我們一個一個地背過去。他們選擇了溪床最寬闊處，背著我們走，我們中間有的人，兩足還是拖在水中，因爲他們全身伏在山胞的背上，而溪水又深及山胞的大腿。

我們終於走到宜蘭濁水溪溪床之側，在那裏，我們憩息於沙灘之中，左邊是一座高山。我們在溪床上不能再前進，便只好轉而爬山，爬了一陣，遇到山地的一位墾民，他指引著我們由那裏再下到濁水溪畔，這樣一上一下，我們自然更是渾身大汗了。下坡尤其滑，手必須緊緊握住樹枝或茅草，若一失手，便會溜下去，而且說不定還會溜入濁水溪的洶濤裏。背行李的山胞在前走，連他們也有點吃力，那是不像有人行走的路，但我們也行走了。

我們走下山，又走到濁水溪畔。那裏有一巨崖，水繞崖沖激著，水花濺得很高。我們沿著那一巨崖之上緩緩的走，自然是膽震心驚。我們行了一些時候，終於是怎麼樣也行不通了。我們必須走下濁水溪，否則便須由一斷崖之下，爬登斷崖之上，繞一個大圈子行過去。但爬斷崖，一上一下，絕非易事。我們望望濁水，真不免有點浩嘆。水是那麼急，又是那麼深，水色是泥色，水聲是石聲，激起的浪濤，像海濤，但不是海水而是濁水，其勢洶湧之至，而又混沌之至。我立於崖石之上，眼看濁水之中，竟恍惚置身於一種天地初闢時的情境。在那裏想到洪水，又想到洪荒。一種屯難之世和一種草創之世的奇情異境，在那裏會著實令人深深體貼一番。我的同伴說：那是一個好鏡頭，可惜未能攝下來，其實這樣的情境，如何可以攝下來。我想在那裏，凡是在此世無所感觸的人們，總應該有所感觸！而當一有所感觸，便會有所懸想；一有所懸想，便會有所體認；一有所體認，便會有所惻然。在那裏，濁水拍岸，濁水沖崖，濁水驚天，濁水動地，凡是能屹立不動的，都是奇蹟，都是好鏡頭，但有誰能不動呢？在那一颱風後的濁水沖激之下，連巨石都在溪底橫流著，一切淒然，一切怦然，一切惻然，但由此又似一切寂然，一切坦然。這便像到了一個不動之境。此生惟此心不動，方是至難，方是至寶。至此，我便若有所思，若有所感，若有所見，若有所省，又若有所失。

只望著濁水橫流直走於群山之間，眾石之上和巨崖之下，而若有所失，自然還是不夠，這必須放下，放下兩足到水裏去。於是山胞們首先背著笨重的行李下著濁水，他們用兩手摩著巨崖，順著水勢而試探地前行。濁水在那一帶於沖激之餘轉而和緩了一些，但水深及腹，他們走過去，令人看得眞不免駭然。於此，便分明現出一方面的軟弱和另一方面的堅強。

背負行李的山胞們，一個一個的走下濁水溪沿巨崖順流而去了。我們仍站在那一巨崖之上望著，山胞們對我們的建議是要我們爬山。但我們看看也是爬不上，終於山胞們於遇到巨崖的那一端有路可走之後，把背負的行李放下來，又渡水走到我們的身旁，他們要把我們一行五人背過去，我們也就只得由他們背負著。我用兩手撐在一位山胞的肩上，把兩足蹺起來，眼看濁水，心念濁水底下的石塊，要是有一被水沖走著的石塊，打傷山胞的一足，山胞倒下來，我們也倒下來，山胞被濁水沖走著，我們也被濁水沖走著，那眞是一件不堪設想的事。生命在呼吸之間，這時所能為力的自然還只能是憑藉著一話：「只要信，不要怕！」一個人投身於濁流中，要立得住，沒有信心是辦不到的。一個人行走於濁流中，要走過去，沒有信心，是辦不到的。我們一行五人投身於濁流，憑山胞之力，走過去，也總算是信得及。我們堅信著我們的平安，所以我們也就平安了。我們平安地渡過巨崖的彼端，踏上了一條路，我們怡然地行走著，我又若有所思，若有所感，若有所見，若有所省，而仍若有所失。

一個人的生命，必須失而復得，才愈足珍貴，愈足稱奇，不懸崖撤手，便終於會一無所有。要放下，才能提起，濁水溪從遠遠的地方，浩浩而來，又向遠遠的地方，滔滔而去。人臨濁水，其意如何？這一次我未被濁水捲走，於是我便告別了濁水。向留茂安那另一個山胞部落而行。

由留茂安到土場，雖然還曾沿濁水溪的河床走了一段路，但這一帶的濁水卻沒有阻擋我們的行程。我們離開了濁水溪的河床，就上到了去烏帽山的路上，那是山路，但是很好走。這次我們冒險地傍濁水溪而行，少走了不少的路，眞算是幸運。而我們以及同我們一道走的山胞們，所以會由巨崖走下濁水溪，渡水而行，則是由於對面有一位山胞渡水而至，他是由土場回四季的，他牽著一條狗，未穿褲子，當我們由山上下到巨崖時，他由巨崖的彼端走近我們，他給了我們一個榜樣，知道那時候的洶湧而混沌的濁水溪，也還是可以下去走走的。他那條狗也特別有趣，他手牽著狗，讓狗走在前面，通常山地的狗都長得很瘦，可是那一條狗卻養得很好，看來很像樣。

烏帽山這時看來也較上一次看來顯得更有趣，有幾座山陪奉著。濁水溪已在山之另一側，人行其中，竟像走到了一個世外桃源。大家都說那裏的毒蛇很多，但我們都沒有在那裏看見一條蛇。當我們走出烏帽山時，我們又看見濁水溪在懸崖之下，浩浩蕩蕩地流來。只不過這時我們已走在懸崖之上。我們俯視著濁流，我們轉而欣賞著濁水了。

到了土場，看看土場的鐵路已有些地方被水沖壞，那一座很長的木橋，是架在濁水溪的一個支流之上，讓火車走過的，那時橋門閉上，看來也是壞了。我們走到土場招待所，我首先走入，先我們兩日而至的一批師生們見了我便歡呼著。我們把他們的行李帶來了，他們更是高興得不得了。這次我們一行，行李到了的，人未到，人到了的，行李未到。大家陰錯陽差，但終於大家平安無恙，行李也沒丟失。颱風吹散了我們，大雨淋濕了我們，我們先到土場的一批人，被擔心著無衣無被，我們被阻在四季的一批人，又被擔心著沒有食物。在山地，衣食二字，稍一不慎，或安排不好，就會成問題，但我們終於被安排得很好，一切都沒有成問題。只是有一位女同學因全身濕透，當晚發了一點熱，但第二天也就好了，並沒有出什麼事情。

我們和行李到齊了，六個背負行李的山胞，我們也償了一點錢，他們都感激得很，其實我們是尤其感激著他們，他們在我們的生命史上，會是如何的重要，這是不易言說的。

大家準備得很快，大家也準備得很好，當天我們五人由四季到了土場，當天我們全體又由土場上到太平山頂，當天我們五人本想經由太平山頂繞道而下土場，竟不料當天我們卻會合了所有的師生，齊由土場上到那太平山頂，這一行的種種變化，眞是誰也沒有測知。

由土場招待所門前，我們踏上了太平山林場的森林鐵道，火車走了二十幾分鐘，到了第一道索道，大家乘坐索道被吊在半空中，又被吊到一個山頭。在那裏我們又坐林場火車，走了幾十分鐘，到達另一個索道，如此又被吊上一個更高更大的山上。雲霧掩蓋著山頭，我們就衝進了雲霧，回頭看著來時的山頂，卻完全不見踪影。隨後又乘火車走到第三道索道，這一索道看來更長，雲霧亦更瀰漫著。吊上之後，隱在雲端，一會兒又到達一個山頂，這眞不知道是第幾重山，而山間的水，自也不知道是第幾重水。終於我們又乘坐了第四條的林場火車，到達了太平山的林場招待所，我們住宿在那裏，我們住宿在雲裏。

這一日，由濁水溪巨崖旁的驚險，到達太平山頂雲端裏的安祥，會出乎你我的意料之外，也會出乎大家的意料之外。在太平山林場招待所前，我首先遇見了我的一位農院畢業的學生，他在那裏做股長，見了我們，異常高興，因之也招待得異樣慇勤。山中見到熟人，自是情味完全兩樣。那招待所眞是一個好所在，可惜你不能來。我眞希望能有一個時候，可以把一切的事體放下來，携著家人，在名山水間，作一遨遊，作一小住。

到達太平山時，給我第一個印象是山在雲裏，但一轉瞬之間，便又是雲在山中。雲和山在那裏交織著，一會兒是雲，一會兒是山，一會兒是雲在上，山在下，一會兒又是山在上，雲在下，這雲和山的一上一下，眞交織成了一幅奇景。一般人都只是見到雲和山的相互聯結，但到這裏卻分明見到雲和山的相互穿插，這眞穿插成一幅絕妙的雲和山的畫。

索道是從下面的一個山頭，到達上面的一個山頭所聯結的兩根鐵索，當一根鐵索吊著一臺車的木材從上而下時，一吊車的人便從下而上。通常一輛吊車中被吊起來的人是十二個，這吊起來的情景，有點像飛機的起飛，又有點像昇降機的昇起，但意味終是各別。當吊到半空時，人從吊車的窗口向下望，只見大樹像草，溪水像帶，一個大壑裏充滿了各種景象，向前看是一片雲，向後看我們開始被吊上來的地方只是一點點。當吊到半途時，一大臺車木材從天而降，又從我的吊車旁疾馳而下，其速度委實驚人。最後吊車被吊到目的地，那眞是如上青天。這眞使人們上天有路，雲遊有方。吊車停下時，人從吊車出，忽見山頭人家又見山中雞犬，同時山頭之上，又有山頭，雲跟著層層上昇，而下面則又是山下有山，雲外有山。山是一層層，雲也是一層層，當雲外之山，山外之雲打成一片時，我們的視線便不能不有點模糊了。

在森林事業上，利用索道，那眞省了不少的土木工程。森林火車也很巧，路軌當然很窄，車廂中面對面的坐著兩排人，中間就幾乎沒有插足之地。每一車廂所乘人數也只是十幾個人，火車頭小得像一座卡車頭，燒柴油，行走時，幫幫幫，所以當地人便稱那森林火車爲「幫幫」車。這「幫幫」車沿著山腰轉來轉去，讓人們在車窗口很安祥地看著各種各樣的山景，又看到各種各樣的谷景。

在太平山我只要提一提這索道和火車道，你就可以設想一下太平山的規模。更何況太平山的索道還不只一道，而森林火車道尤其不只一條呢？

我在太平山招待所住的房間是一間日本式的大客房，兩面臨山，有兩條走廊可坐觀山色。一條走廊給我觀的是近山，那裏有山櫻有樹莓，又有一股小水潺潺地從山間流下，這使我可以臥聞水聲。另一條走廊給我看的是遠山，那裏有無數的山，一個遠山又接著一個遠山，這構成不同的層次。山與山之間是壑，那眞是千山萬壑，因爲看不盡，所以就更看不厭。朋友們對我說：在那裏清早起來，很可以看日出，又可以看雲海，這都是眞的，只可惜第二天我因爲頭一天自四季涉濁水溪至土場，又上太平山頂，人太疲憊，起來稍遲，以致看不見。

我到太平山的第二天上午是去看伐木，在一般的觀念裏，會都以爲一登太平山，必然處處是伐木聲，處處是古木。其實在太平山要看伐木，並非易事。太平山的伐木有兩條線，一條叫做茂興線，一條叫做三星線。茂興線是通到獨立山的森林鐵道，伐木的地點是在獨立山的一塊地方，那很遠，火車要走一小時，同時火車班次不多，我們事先沒有洽定，不能去。又一條森林鐵道叫做三星線，那是通到三星山的一線，那比較近，我們就去到那裏。又是在火車上從窗口看山景、看谷景並看雲景，雲中有山，谷中有水，這已不足爲奇，倒是雲墮於谷，像找不到出路似的，顯得更妙。只因這裏面山中有山，谷中有谷，所以也就給人感覺得雲中有雲，分外親切。我們坐那森林火車亦即「幫幫」車，到一個分路處等了很久，換了火車頭繼續前行，停車處是一個取木機。那取木機利用鐵索懸掛在大木之上，一條一條地從大山深谷中吊起伐好了的木材，再用台車把這木材從森林鐵道上運至索道上，又運至森林鐵道上，如此輾轉運至土場又運至羅東，更運至海港，輸出海外，交換其他的木材。因爲我們太平山這裏的木材，不是扁柏就是紅檜，這都是臺灣的特產，在木材中是最爲名貴的，和外人交換，可以獲得更多的建築木材。

取木機旁的一個深谷中，只有一株又老又大的扁柏又名黃檜，未被伐掉，留在那裏，挺然而立，亭亭地又婆娑地煞是可愛。何以留下不伐？據說是要充作天然更新的母樹，這眞是一株極其幸運的母樹。由取木機步行而前約十公里處，據說是一段原始森林。我們之中有一部分人到那裏去，又由取木機而上，上到半山處有一吊木的鐵索架。那裏有一工人呵呵呵地，又呵賴地叫著，後來我才知叫「呵呵」是說「停止」，叫「賴呵」是說「上來」。我和另外幾位師生是上到那裏，又繼續上去，那裏木頭很多，我們在那裏爬山，其實是爬木頭，在木頭上行走。太平山招待所的海拔高度是一千九百多公尺，我們在那裏爬到的地方，大概已有二千五百多公尺。再上去是所謂三角點，那是太平山最高的地方，在那裏可以望見太平洋，據說以前曾有兩個日本人凍死在那裏。我們要是能夠繼續向上爬，自然可以爬到，只不過有些人不願爬，所以便下來了，我在木頭上跌了一跤，右足又受微傷，正是以前在能高林場跌傷的部位，那眞是傷上加傷，但不要緊，我行走如故。

我們大半天去到三星線看伐木，因事前未約定，又適伐木工人他往，故始終未能一見，只見一個木樁上，有一工友在那裏寂寂地鋸，據說那是整理殘材，也算伐木。在那裏還找到臺灣的名產一葉蘭，這是一個很好的收穫。

下午我們休息了一陣，又看了太平山招待所附近的人家，這都是和林場工作有關的人家。還有一所國民學校，這都是用極好的木材建造的，連瓦也是用木片，並用巨木填坡地使平，在那裏，一棟房子，除了鐵釘，什麼都是木頭，眞所謂木頭世家，山中木材不值錢，但到山下便成了寶。

太平山之夜異常涼爽，這已有秋意，但當我穿上毛線衣還有點不夠時，便又像到了初冬。我們關上了玻璃窗，點上了電燈，於是四山頓黑而一室通明。我們隨即開了一個會，討論明天下山的事，我們本打算明天上午還在太平山玩半天，但林場的人說：「最好是上午下山，下午怕雨，又怕索道不能按時，太晚了，很不好。」於是我們決定第二天一早就由原路而回，看看太平鄉園藝資源調查的事，已是完畢，明天下到土場，一宿之後，再去羅東，便算是結束第一隊的工作。隨復第二隊接上，調查另一個山地鄉，即南澳鄉，這較太平鄉更為艱苦。惟山行多趣，艱苦在這裏已無所謂。我自入山以後，到此已是十九日，鬚髮俱長，明天打算剃去此二十日未剃之長鬚，以便再帶第二隊入山工作。

我們下太平山時，車抵第一個索道邊，一片雲霧。這裏原本可見千山萬壑，但這時竟未能見一山一壑，只見人立處，眼前一個白圈，圈中像有人影，信佛的會說這是佛光，信神的會說這是神光，這眞教人對眼前的迷茫景象，頓起著一種悚然之情。當我們穿雲而下並穿雲而出時，我們眞像是由沖漠無朕，到達著萬象森然，於是我們著地了，但仍是山頭。從這一山頭，乘索道吊車而下到另一山頭，又下到另一山頭，這和日前乘吊車而上時的心情和景色，不是一樣，但有何不同，實難明說。

下到土場，我們連夜開了一個結束會，我們都慶幸這一次的順利結束。由土場經過了烏帽山，留茂安，四季，埤仔南，鞍部，有勝，再一轉而經種種磨折回到土場，從而直上太平山頂，更從太平山頂而下到土場，就如此結束了太平鄉的調查。我們何所聞而來？我們何所見而去？在這裏，我們實在聞得很多，又見得很廣。但我們的來，自山地同胞視之，終會像一陣風而來，我們的去，自山地同胞視之，也會像一陣風而去。對著山地同胞，我們會愈益感到一己之隨風飄泊。我們不能歸本歸根，我們自只好隨風來；我們不能歸土歸仁，我們自只好隨風去。此之謂隨風飄泊，而無所底止，無所定奪。因之，便無寧處。我之思歸，情不能已。祝

你好

3. 有關山中事

君毅兄：弟昨日由谷關冒雨，並冒颱風，經烏來，達見等地，而來佳陽，早晨出發，晚上才到。可是給弟等一行七人背著行李的高山族人，雖然都是山地裏的好漢子，但還落在後面。弟等在此等候到深夜，他們猶未到達，這使弟等和行李都分開了。弟全身被雨打濕，沒有衣服換，而佳陽的海拔高度已在一千四百四十七公尺之數，這比較泰山或廬山的最高處還要高，是於盛夏之時，非穿毛衣不可的。好得這裏的警察分駐所可以住宿，並且還爲弟等每人借了一床棉被，這便讓弟等脫下濕衣濕褲，鑽進了棉被裏，幸免於凍。

在棉被裏，弟一心想著那背行李的三位山地好漢，也許是因爲一路之上，山崩崖斷，風雨交加，說不定跌入崖下。也許是爲了到達見之後，過達見溪時，溪上有一個獨木橋，溪下水流至急，連石都會被沖了下去，下到一個不測的深谷中，人行橋上，一不小心，或心頭一動，也就會跌落下去，而不堪設想的。除此之外，那三位山地漢子深夜未到的原因，眞是怎麼樣也難猜測。同行的人，有的說：那三位漢子就根本不願意來佳陽，所以一定是中途憩下了。又有的說：那三位漢子可太懶了，不會走不動，只是懶得走。但也有的說：山路在這樣的天氣下，實在是難走，但他們總可以慢慢走到的。這一些猜測，這一些討論，畢竟無用，那三位漢子也畢竟未到。忽然夜半來了一位警員，驚醒了大家極度疲勞後的一番酣睡，他說：他也是下面上來的，他在達見遇到了三位漢子，他們因爲有一個足走壞了，所以就都宿在達見不再來佳陽，希望佳陽有人在明天一早去接背行李。大家聽了這種話，一方面固然是心安了一些，知道沒有出什麼大不幸，但一面也頗有人懷疑所謂足走壞了，或許會是一種藉口。

第二天一早，托人在佳陽僱人去達見接背行李，大家都無法起身，衣濕未乾，天氣冷，起不來。大家想：到達見一去一回，總要到中午行李才會被背了上來。弟個人向一位警員借了一件厚衛生衣穿起來，又借了一條褲子，於是起身洗臉吃東西，閒來無事，又向警所借了一些這樣的十行紙，於是在一只警員的皮箱上給我兄寫著這樣的一封信。在這裏，我兄亦不妨設想一下，弟寫此信時的心情。同時，以上所提的烏來、達見和佳陽，都是這裏的高山族中的部落名稱，都是音譯，不必有意義和有來歷，這裏的高山族都是屬於泰耶魯族，臉上畫有藍色花紋，初見之下，是很可怕的。尤其是山地漢子，額上一條直線，下顎一條直紋，腰間一靶長刀，短褲，甚至不穿褲子，背上一張獸皮，一見之下，尤爲可怕。但當你和他們熟悉了，卻又異常可親。

這次在深山中，在半路裏，弟會背上一個水壺，給他們之中的一人看到了，於是他就跑到弟之身旁，用日語問著水壺裏是否是酒，他要喝酒。當弟回答那是白水時，他失望而又抱歉地走了，他失望是因爲不是酒，他抱歉是因爲打擾了人家的行程。他不是不知禮節，在他們的心目中，有酒就大家喝，而且一喝就喝個痛快，問人要酒喝，那是沒有什麼的，他若帶了酒時，也會一樣遞給路人同飲的。在這裏，我兄亦不妨設想著水滸傳裏武行者三碗不過崗的打虎情景。

弟等打算在佳陽住兩天，又繼續一直上山，先去梨山，再去太保久，再去環山，再去有勝，那一帶已接近南湖大山了。南湖大山的海拔高度是三千七百七十多公尺，已是三個泰山或者是三個廬山那樣高，而且還要更高一點。就因爲這樣，弟等和行李更萬萬不能離開。目前弟等在佳陽，而行李和那三位山地好漢則在達見，這眞令人心情焦急，好得人在山中，不似在平地，任憑怎樣也是不會冒火的。試想在大山大壑中，一個人冒著火，亂蹦亂跳，這豈不要給山神和谷神恥笑一番。在大山中什麼都像可以藏，在大錖中什麼都像可以化，因之，行李不來，就派人去接，一時接不來，就穿著人家的衣服等，等得久了，無事可做，就給人寫信，寫信無紙，再向人借去。這時候，一身無己物，一切脫下來，擺下來，剝落下來，放下來，生活眞可謂簡單化極了，於是到了可以自信之處，亦就不妨高明地想著了。

這裏到底是過程，這裏到底是事實。山中一呼，草木皆應，山中一笑，夢寐俱甜。行李落在後面，連山中好漢們都跟不上來，我兄亦不妨設想弟之一番爬山越嶺，或許是有了一點工夫了。終於行李到了一部份，三位好漢們中有一位終於在今日十時左右到達了佳陽，弟之行李卻正好是由他背上，這眞使我喜出望外。可是他是受了傷了，他的一足足掌下，被一塊新裂開的石塊割了一個很深的傷口。他原本是慣於赤足山行的，但平時赤足山行，石塊不是新裂，因之不會銳利，不足以傷人。可是昨天的石塊不同了，這便割傷了他的足掌，他扶著傷一早由達見慢慢地走來，一到了弟等的住處，就坐下來。弟等給他用盤尼西林藥膏敷了傷口，並給他用紗布包裹了，於是他對弟等說了一聲「謝謝」，又下山回去谷關了。他是谷關附近的哈崙臺部落裏的人，其他兩人，也是哈崙臺的山胞。那兩人現仍在達見，據到來佳陽，傷著一足的山胞說：「兩人中一位走病了，另一位需要看護他的病，所以都不能來到佳陽。」在山中，受傷和害病眞是常事，弟等因此總是將應用的藥品隨身帶，行李可以和人分開，但是藥品絕不能和人分開，那受了傷的山胞，一到弟等住處，弟等就能馬上給他醫治，就是因為弟等這時雖然什麼都沒有，但依然還有了藥品。弟等山行總算是有點經驗，就是對醫藥也有點知識了。弟等此次山行，連山地好漢們都傷的傷，病的病，可是弟等都無一人傷，無一人病，這眞不能不謝天謝地。

弟等此次入山，一共七人，三位先生，三位同學，一位伙夫。先生們都善走，同學們是經過挑選，經過訓練，不像上一次宜蘭山地之行。伙夫也是挑選的。前次弟等去信義鄉那山地鄉時，所帶伙夫，本甚強壯，但當弟等都行過了一個很長很長的吊橋時，他卻不敢走，就是扶著他，他也不敢走，他怎麼樣也不肯過那危橋，終於他一人回去，一人下山了。吊橋是山地特有的橋，用兩條鐵索，由這一個山崖拉到另一山崖，越過一個深深的大山谷，和大山谷中的一股急流，鐵索之間，懸著一條接著一條的長板，膽子不十分大的人不敢過，那是難怪的。

在山地比吊橋更難過的是生活難過，這所謂生活難過，就是飲食難得。在山地所能吃到的只是一些地瓜和小米，地瓜就是番薯，但番薯和小米也不易買到，所以你必須帶菜帶米來，並且還須得帶伙夫去自己燒煮。差不多什麼都要帶上山，不須帶的只有一樣，那就是柴火。那一次伙夫下山回去了，弟等幸而遇到一位村幹事的太太，她是由平地上到山地的女子，也懂得外面說的話，她給弟等燒煮著菜飯，這才使弟等渡過了一個難關，這位太太很賢能，在山中，這眞是使弟等每飯不忘的一位好女子。

古人居夷，每有所悟，弟等入山，一方面調查高山園藝資源，一方面也像求得了一點「道」，求得了一點「禮」。以前大家都常常聽到入山求道的故事，和「禮」失而求諸「野」的一些聖人之言。只不過道在此山，卻又似在「雲深不知處」，山野裏，禮更不知會在哪裏。其實，自弟入山以來，去年花了一個暑假，今年又花費了一個暑假，中央山脈、玉山以及臺灣其他次高的無數山峯，差不多都已走過，當一見到那深山大壑時，弟就不期然而然地好像見到了一個「夏之忠」。又當見到那高山族人的高山墾區時，弟又不期然而然地像見到了一個「殷之質」。而當由高山直下，走到一個水邊，而水流較平，地較坦，其間竟忽然有了一點水田，插植了一點水稻，一片青綠，油油然而又微風吹著，這更使弟不期然而然地好像見到了一個「周之文」；雖然水田和水稻是周以後的事，但水田之中和水稻之上，會是依然「郁郁乎文哉」，則到底是事實，到底是過程。由此而想到我們的三代，又由此而再想到我們的眼前，則眼前就是三代，三代就在眼前，一念萬年，心遊邃古，眞的好不自在，眞的莫不是道。

就當前的人類而言，大山大壑總是要知道的，山地是需要的，水田和水稻更是需要的。在大山大壑裏流行著天地之美，在山地裏流行著事物之眞，而在水田和水稻裏則更流行著心性之善；而通乎事實之眞和天地之美，從而具備著人類的性情之貞，一切的莊嚴，一切的美妙，一切的和悅，一切的自在，都像從那水田裏來，從那水稻裏出。由大山大壑裏來，由山地而下，見到水田，心會頓然開，見到水稻，眼會頓然亮，水田是已讓人類自有人類以來第一次定下來了。而水稻則給人以飽，而開始更高明地思想起來。當人們從有水稻和水田的區域再走下來時，譬如弟等上一次由獨立山穿原始林，過斷崖到金洋，又到金馬望，又到流興，轉而去哈卡巴里系，再到仲岳，又到武塔時，見到一輛腳踏車，一位山地人捨棄了行慣於大山大壑和懸崖絕壁間的兩足，而騎上那一輛腳踏車，那簡直是一種兒戲。又當蘇花公路斜過那一極接近了平地的部落，即武塔，讓一輛汽車通過，滿載著行人之際，那更像是滑稽之至，把戲之至，眞不知道要比做什麼，才算恰當。

人類到這時，一下子騎上兩個輪子，讓兩輪成了兩足，又一下子鑽入一個車廂，更像一個大甲蟲四足行走。一切是古古怪怪，但這又畢竟不是稀奇。天地之大是稀奇，日月之明是稀奇。而兩輪作成了兩足，人化甲殼蟲而走，會只是古怪。精神有強度的喜歡稀奇，而精神脆弱的則只歡迎古怪。由此而確知大山大壑是必要的，山林山地是必要的，水田水稻是必要的，這裏所能加上的，細細想來，就只能是水電，由此而再加上原子能也是可以的，其他一切會總是多餘的。像這樣一個路子，分明就是山中的道，和入山所求的道，道不遠人，入山所行處，就是一個道。至於禮，在山野裏，就分明是在那些山地孩子們亮亮的眼睛裏，又分明是在那些山地姑娘們薄暮走懸崖的一種野鹿似的姿態裏。

昨夜夜半一位警員驚醒著大家，告訴那三位山地好漢停留「達見」的消息以後，大家又知道那一位警員所以夜半方到的原因，是因爲要伴著由谷關背負著不少東西回佳陽來的鵠力柯。鵠力柯和卡力柯是表姊妹，都是佳陽的少女。去歲暑假，弟曾率領二十餘人來此一行，看見卡力柯，那很像印證著山地裏那時盛開著的秋海棠。鵠力柯則是此次在途中瞥見的，她遠落在弟等之後，但雖如此，她於清晨走著懸崖，她又於白晝走著懸崖，她更於薄暮走著懸崖，又於深夜走著懸崖。上次一位伙夫不敢過著上次所經信義鄉中的一個吊橋，可是這次由谷關到佳陽有兩個吊橋，比信義鄉的更窄更長而又似更險，同時達見溪上的一個獨木橋，較此二吊橋尤險尤難走過，可是鵠力柯薄暮過了吊橋，又深夜過了獨木橋。像這樣一種野鹿似的健捷之姿，會自然是一種美，這是只識把孔雀或鳳凰比著一種蓋世佳人的人，有所未喻的。在「日暮倚修竹」的絕代佳人的姿態和沉思裏，你可以見到禮，只是這樣的人兒，在目前的世界裏其踪跡怕是渺茫了，因之，你就只能求諸野。如其你不能求之於「薄暮走懸崖」的野鹿似的健捷之姿中，你就會轉而去求諸於「入夜滿街頭」的粉黛裏，但這所求的斷然不是禮。

弟自七月十七日即開始入山以來，先帶了師生二十餘人去到宜蘭縣太平鄉的山地，在那裏花了二十日，看到了無數的山地孩子和無數的山地孩子們亮亮的眼。接著又率領了另一批同學，也是二十餘人，男女同學俱有，去到宜蘭南澳鄉，又花了二十日，看到了無數的山地孩子和他們亮亮的眼。隨後弟更精選了一些師生們，一共是七人，去到南投縣的仁愛鄉，那就是由霧社進去，花了十四日，也看到了無數的山地孩子和亮亮的眼。而當另換了一批人去到南投縣的信義鄉山地，花了八天之際，當然還看到了那些亮亮的眼。現在弟等又來到佳陽了，即以鵠力柯的弟弟來說，他的眼也是很亮亮的，他已考取了臺中農職，但他目前還只有十三歲。當弟一次和他說話時，他立即過來拉著手，偎依著身旁，那眞是親切，而又明快。禮自然是只有求諸於親切和明快裏，而山野裏的孩子們的亮亮的兩眼中，卻有的是親切，有的是明快。而你我所常見的一些孩子們，卻總是玩著汽車，玩著飛機等玩具，而且還玩著手槍，玩著坦克，甚至還學著美國西部武俠片的一些鏡頭。

弟等在此臺中縣的和平鄉山地，打算停留十三日，目前還有一星期多，這裏看完了，便要回臺中農學院上課了。這次一共要走七十五日，到目前爲止，弟都是平安的，隨後弟會平安回到臺中，回到院中，回到家中，那都會不成問題的。在此七十五日中，弟等一共遇到了四次颱風，在太平鄉遇到一次，那幾乎讓那裏的宜蘭濁水溪把人沖了去。在仁愛鄉遇到一次，有的人在山頂，也幾乎被吹了去。在信義鄉又遇了一次，這使弟陷在羅娜的部落裏，回來時逢山開路，遇水搭橋。所謂搭橋是臨時砍著幾根竹子，放在那水石同流的溪澗上，就如此的渡了過來。傍晚時，還趕路，半日之內，山行近六十里，也是在深夜裏到達了一個住宿地。此次在和平鄉所遇颱風，總算還好，只是直到寫至此處爲止，行李還沒有全部運到，米和菜也沒有到，自然只有等候著，以後數日的路自然更難走，但望天氣好起來，便一切勝利結束了。

在去歲和今年的山行中，弟行藏苦苦地暗示了一些同學們要如何生活得簡單，但終於無法「文思安安」地暗示著一些同學們要如何思想得高明。在這裏弟想兄對新亞的同學們，也會有和弟一樣的艱苦，只不過是我兄「文思安安」地告訴了他們要如何思想得高明，但不易「行藏苦苦」地告訴著他們要如何生活得簡單。這並不是兄與弟和新亞與此間同學們的不同，而只是香港和山地，大海和高山的有別。在香港是不容易生活得簡單的，在大海邊是不容易生活得簡單化的。就因為這樣，弟以前在新亞時，總希望新亞能在鄉間，同學們能多行山地，多登高山，但這已是過去的事了，目前如能多從農圃道向沙田一帶走走也是好的。但去沙田最好是不要坐火車，也不要坐汽車，火車汽車都是玩具，大家最好是步行。以前弟住沙田時常是步行到九龍，但此事弟到此時方說，那是因為怕兄等聽了，又認為弟生活得過苦，但其實弟生活得異常安適。弟常見名山如畫，這是彷彿看到了一種實質的精神，弟又常見畫如名山，這是彷彿看到了一種精神的實質，在這裏弟是對生活，對生命，對一切，都是能夠欣賞的。

此次我兄匆匆來臺，弟在臺北更是和兄匆匆一見，弟真不料大家會如此匆匆。此次又承兄送了弟夫婦及六個孩子的一些禮品，那真是一種高而且厚的情誼。三毛明年就進大學了，他把你身上脫下來送給他的襯衫轉送了我，而要我另買東西，這孩子在沙田還是進小學，現在是調皮了。弟同時又把兄遺在旅館中的襯衫取出了，所以弟已一共有了你的兩件襯衫，這給弟夠穿多時了。山中諸事易忘，只此事弟實在忘不了，且於此敬致一種深山中的謝意吧！

在仙公廟弟等和兄所合拍之照片，已承宗三兄交弟，大家都照得像飄飄然站立不住，時代的風，眞像把大家吹動了，但畢竟不能吹倒人們。宗三兄這時怕已去東海了，他們的房子出賣了，上次在臺北時，弟原擬在兄之旅館裏住，以便對榻而談，但那時弟太勞了，而兄也太勞了，不如大家早早分開休息，此其一。還有在旅館裏住，多一個人就要多花一筆錢，此其二。另外在旅館裏總是麻煩的，不如回到學會裏去，此其三。第二日，宗三兄在兄睡著了的時候，就回去了，那時候弟方知他又有了一件極傷心的事，這事他不會告訴人，而兄亦不必問。弟隨後等兄醒了急急去到錢先生處，又急急上了火車南下了，車中深深想及兄與宗三兄一似彌天蓋地，一似截斷眾流，一不勝其悲，一不勝其苦，在悲與苦之間，弟總是只得無言，但一別後，又總悔一己之見人無多語，而且對一別數載之故人，竟亦如此，眞是罪過。此次見錢先生，弟亦只說了幾句話，倒是在一個宴會上，弟倒還應酬了一番話，弟年來的心情，兄於此亦不難看出一二。

最近弟曾致長一函上錢先生，提到新亞，弟曾對錢先生說那總須得一些前輩平輩和後輩共同撐架起來。又說：新亞萬不可流於平面，腳踏車、汽車、火車都只能在平面上行，就是飛機在天空中，也是一個平面。在平面上，一切是滑下了，一切是溜過去，那不會留存著任何東西，人類在那裏會只是由深山大壑中一走下來，就落下來，墮下來，那實在是平平無足言而卑卑不足道的。弟在那信中，把前輩平輩後輩也稱做三代。弟所夢寐以求的是三代的規模和三代的氣象，目前任何方面似乎都是缺少規模、缺少氣象，兄此番來臺又匆匆返港，對新亞的同學們當更將致其無窮之思，弟自亦不能不思及新亞了。

4. 有關山中感

賓四先生道鑒，敬肅者：上次臺北匆匆一晤，未及多聆教益，即再入山中。昨日因須親閱大專就業考卷，又自中央山脈旁，下山至臺北，滿以爲此次當可再聆教益，不意一早去歷史文物美術館時，而先生已赴松山機場，乘機返港，欲趕赴機場已來不及，只得稍事徘徊於美術館前，再去評閱考卷。考卷只十六份，看完後即搭火車南下，轉返山中。計在高山族人所居山中，近兩個月，猶須二十日，始能結束。此次更由中央山脈旁，轉至玉山下。目前颱風，吹崩山路，幸在斷崖，行走已慣，不以爲勞，亦不以爲險。

前次先生過臺去日時，兆在臺北，因未能等候，致未一晤。隨後先生由日本返臺赴港，兆復因事未能再去臺北，遂又未獲一晤，中心悵悵。不意此次幸獲一晤，而又不克在臺北多留時日，先生來臺匆匆而兆入山更是急急，未卜從容聆教之日，又在何時？山中百無所念，竟時念此。

兆此次入山之前，牙痛正劇，牙醫說要開刀以除牙旁之瘤，又說要拔去兩個門牙，方能根治。但兆因入山不好延期，又因自信一入山牙痛就好，遂拒不醫治。入山之後，日行險徑，日吃稀飯。在險徑中忘牙之痛，吃稀飯時，減牙之勞，如此半月餘，牙疾果然痊癒，門牙未拔而瘤亦消，入山之妙可以想見。兆往歲愛海，近年方知好山，而極少人到之山，心尤喜愛。佛教徒有拜五臺燃手指者，此心此意，亦恍惚識之。兆山行不懼，雖身墮崖下而弗辭，牙疾不醫，縱痛斷牙根而弗惜。要皆此心此意之所存，惟終恨此力欠缺，雖方外人，猶有所不及。

第一颱風時，兆在宜蘭濁水溪畔，其時山洪暴發，橋樑俱斷，溪中水石同流，聲極可怖，身陷高山部落內，不能進，亦不能退。山胞臉上藍色花紋，男所畫者為直紋，女所畫者為橫斜之線，初看甚可怕，久看亦無所謂，及識其畫線紋所取之義以後，遂益覺不能更置一辭。其直紋為勇，為對部落之功勳，其橫紋為賢，為對家庭之勞績。大概能殺敵者，方可額上有直線，能織布者，方可嘴邊有橫紋，而一經畫上線紋，則為全族所敬重，而獲無上之光榮。當兆與之相處時，不久之後，竟似成一家人。古人居夷，能有所悟，而一己居此，亦似有見於天地之美，事物之眞與夫心性之善，並似有見於此天地之美通於事物之眞，此事物之眞又通乎心性之善，且終似有見於此天地之美，事物之眞，全歸於心性之善，全化爲性情之貞，而成爲一善之流行，與夫一理之流行亦即一氣之流行。就天地之美而言，乃一氣之流行，就事物之眞而言，乃一理之流行，就性情之貞而言，乃一善之流行。兆在山中，由藍紋相對，立即到善意相迎，此非一善之流行，莫能辦到。

莊子有見於一氣之流行，因而有見於天地之美，並有見於天地之美，通乎事物之眞，又通乎心性之善，從而與天地精神相往來，其工夫在於莫安排，而其效亦見於莫安排，但莫安排中，正好做工夫，莊子誠有所忽。

在正好做工夫中，必有見於一理之流行，因而有見於事物之眞，並有見於事物之眞，通乎心性之善，又通乎天地之美，從而手之舞之、足之蹈之，此乃一躍進後之「莫安排」，亦是「一大安排」，宋明儒者於此實有所長，只是大安排一流入大光景，便成虛見，此則又須有一躍進後之莫安排，且於此中更正好做工夫。

兆有一本家，昔從歐陽大師學於內學院，他愛讀莊子。一日歐陽大師在菜園中鋤土種菜，兩手都是污泥，種罷回經其處，見其又讀莊子，乃舉兩手示之，並說道：「是你在讀莊子，還是我在讀莊子？」兆本家聞之啞然，並特爲兆述其事，兆實心念不能忘。

今兆入深山，竟亦似在讀莊子，正不卜牙痛不醫，斷崖不顧，時觀天色，日對藍紋，如此讀法，亦有當否？

兆在此一段期間之入山生活中，體認著莊子，又體認著理學，還體認著禪宗。大概「莫安排」是一個共同的歸趨，而其所以如此，則是由於彼此俱有見於宇宙間的秩序。莊子見出自然就是秩序，禪門則似進而見出無秩序中之秩序，以言儒者，便是所謂「始條理，終條理」，其「莫安排」則歸極於聖人好惡之正與夫「惟仁者能愛人能惡人」。莊子有大眼力，禪門有大手腕，大魄力，而儒者則只是一副性情，一副心血，一副肝膽，就因爲如此，所以正好做工夫。此意藏於心中，又藏於山中，無人說亦無人問，因念先生，遂舉以問先生，亦不卜有當否？

第一次颱風去後，濁水退消，兆更上太平山頂，又轉大元山上，旋過獨立山，穿原始森林，因殊有識於所謂「原始之眞義」。近代人有返於原始之情，大畫師哥庚，跑去非洲與黑人居，並深嘆著「孤寂，孤寂，永恒的孤寂」，終於孤寂瘋狂，短命而死。此乃懷原始之情而來識原始之義之所致。天才藝人，自陷於藝而不能有所進、有所悟，以致知與原始人居，而不知所謂「禮失而求諸野」，並不識「野」爲何義，眞是可惜。時至今日，可謂文弊之極，此必須求諸野，求諸簡單化，而讓「皮膚脫落盡，留取一眞實」，始有轉機。

兆當穿原始林時，見苔蘚滿佈，樹幹俱成銀柱，又見各種羊齒類植物寄生於不知年的古木枯枝之上，處處有一股氣，有一股力。老藤更從此木纏於彼木，而讓此處聯上彼處，於是銀柱與銀柱之間成了一個銀色世界，羊齒之下，成了一個特種乾坤。而在此銀色世界中，你還可見出各種的蘭，同時在此特種乾坤下，你又可聞到各類的鳥。於此，原始、野、簡單化、變化，以致變化裏的一和一裏的變化，便都像看得見，聽得到。心想於此如看不見變化，聽不到變化，便必然是「孤寂，孤寂，永恒的孤寂」。於此如看不見「一」，聽不到「一」，便必然會是「瘋狂，瘋狂，至死的瘋狂」。說到一，一氣流行的一是一，一理流行的一是一，一善流行的一是一，這裏的層次和境界又是不同，又有變化。這裏有無窮的美妙，這裏有無限的莊嚴，這裏有無上的和悅。由銀色世界到特種乾坤，而由特種乾坤更到異樣的蘭與鳥，此即道成萬物，莫不是道，亦莫不是所過之化。於是一念萬年，心遊邃古，身則穿過了原始森林。

在穿過原始森林之後，由獨立山直下太平洋之濱，橫過宜蘭縣之另一山地鄉即南澳鄉，所經斷崖，更是不計其數，而又奇險。人在高山深谷間，又一轉而在深山大壑裏。入山愈高，入山愈深，同時入山愈深，又入山愈高。從高高的山頂上，下到深深的大谷中。又從深深的大谷中，沿著急急的溪流，直達茫茫的海岸。崖斷而山窮，山窮而水盡，但水盡又復山來，這只要你越過去。山來又復崖斷，這更需要你越過去。年輕的同學們雖是大學生，但也儘有膽小的，平日的叫囂，一到斷崖，全歸無用，平日的逞強，一到斷崖，更全歸無用。有一位女同學，其氣特盛，但當她到一個特險的斷崖，而不服我的制止，堅決越過時，手攀著斷崖一側的石塊，兩足竟僵著直著，嚇得一動也不敢動。此眞一髮千鈞，萬一失足，就是萬丈深谷，在彼深谷中，墮下去自是會絕無音訊。於是只有我跑過去，一手拖著她。將她硬拖過了斷崖，而此際一己之能拖人越過，亦似有著神助。因念一部基督聖經，會只是一句話，那就是「只要信，不要怕」。斷崖一過，心頭一鬆，歌聲便起。同學們唱著兆在獨立山時爲此調查隊所作之隊歌，此隊歌乃仿照山歌民歌所成，儘量表現「野味」，也儘量表現稚氣，其歌辭爲：

山地好，山地深，山地高，
高山有水，深山有寶，
種蔬種果兩相宜，花也妙，
建立人間樂園在山地，多麼巧？
喲呵呵，啦啦啦，

喲呵呵，啦啦啦，

喲呵呵，啦啦啦，

大家哈哈嘻嘻，嘻嘻哈哈，哈哈笑，

大家哈哈哈，

大家嘻嘻哈哈，哈哈笑，哈哈笑！

如此一來，入山愈深愈野，愈高愈稚，既忘此形，亦忘此世。當到達一部落時，在空曠地，在明月下，只要一唱此歌，山地人家裏的男男女女，老老少少，便會齊集起來，接著唱他們的歌，更接著跳他們的舞。山地歌舞，野味更濃，稚氣尤足。人在野與稚中，接觸原始，接觸太初，便似不能不進而去接觸著「道」。於此而體認著所謂入山修道之心，若究其實，一入山，便是道。高山有水，深山有寶，山行豈可無道？鳥鳴花放，嶽峙淵停，一穿原始林，再從斷崖過，便會有著印證。如此進入山地人家，一見山地孩子的眼，再看山地少女的臉，就像進入了道。山花處處，有秋海棠，在巖邊陰濕的地方開了；又有野石竹，在山崖路側的地面開了；更有山百合，在大山大壑的草叢裏又在深山深谷的澗水邊，開得白白的、開得香香的。當一進入了山地部落內，就儘有人印證著秋海棠，又有人印證著野石竹，更有人印證著山百合，以至白百合，於是夜來了，你可以設想著一白百合似的夜，又可以設想著一個白百合似的人間和白百合似的家，這無非是放下，這無非是安息，這無非是道。

山鳥不會在月明星稀之夜飛來，山鳥依於林中，止於樹上，對山行的人們，更像是一種「指點」。有黃鳥，有翠烏，有百靈鳥，也有野雞，更有無數無數的不知名的鳥，當一進入了山地部落中，就有人像是化了黃鳥，又有人像是化了翠鳥，更有人像是化了百靈鳥。只是沒有人像是化了飛雉。世界會顯出如此古怪，山中自也會顯出如此稀奇。於是清晨又到，黃鳥數聲，人一覺，萬山萬壑都醒來，你可以設想著一個黃鳥似的畫，你可以設想著一個黃鳥似的乾坤，你可以設想著一個黃鳥似的夢，那就是提起，那就是流行，那就是化。山花印證了一個道，山鳥自也指點了一個化，於此，禮可以求諸野，道可以求諸野，化可以求諸野，野味與稚氣偕行，這可以簡單化，這可以莫安排，這可以「正好做工夫」。

兆自七月十七日入山以來，所經過之臺灣高山族部落屬於泰耶魯族：有松羅，有崙埤仔，有牛鬥，有芃芃，有東壘，有瑪崙，有智腦，有留茂安，有四季，有勝勳，有馬羅亞，有埤仔南，有開埤，有鞍部，有有勝，有金洋，有無洋，有金馬望，有流興，有溫泉路，有舊武塔，有樟仔林，有新武塔，有碧候，有鹿皮，有柑子頭，有南澳，有東岳，有澳花等。在此等部落中，馬羅亞，鞍部，有勝，無洋等地，已無人家存在。馬羅亞是在日據時代因一次天花而告消滅，無洋一部遷往東岳，一部遷往大濁水之左岸。至於舊武塔則是全部遷往於新武塔，新武塔那地方原名南溪，但因其族富於歷史意識，而不願忘舊，遂將南溪改爲武塔，而人們仍只好稱那是新武塔。碧候有兩處，有有人家之碧候，有無人家之碧候，高山族部落，一遷徙常是整個遷徙，而且說要遷徙就立即遷徙，遷徙時，所居草屋也不拆除，例如舊武塔目前房屋依然。只是草深及屋，寂無一人，人過其處，眞不勝凄迷，而當人一思及山地埋葬之俗，尤爲凄寂。以前高山族於人死之後，即埋於床下，死人手足靠攏，蹲踞成團，不用棺木，直置於土中，而不臥倒。葬後並棄其屋而另居他處，此則不僅空屋無人，而且空屋有屍，所以更是淒然。

上次兆去臺北，與先生相晤時，正把臺灣東部宜蘭所有山地部落調查告一段落，隨後即去中央山脈旁，所看部落，亦是屬於泰耶魯族。在那裏曾看春陽，廬山，平和，靜觀，以及瑞巖，紅香，翠巒，與望洋（即麻力巴）等部落，其時又遇一次颱風，但一樣安然渡過。只是兆婦家居，卻因颱風屋漏，又因屋漏受涼，大病兩週，至今猶未復原，同時老五即程明瑤那小女孩又害黃疸病，面目全黃，瘦弱不堪，刻仍在醫治中。山中自身無恙，而家中卻病了兩人。此次去臺北，適先生返港，未獲一晤，旋又上山至玉山下，所過高山族之部落，則係布蘭族，刻兆仍居於布蘭族之羅娜部落內，竟似到了桃源，此眞爲一個好所在。只是此一帶在此次颱風之後，斷崖亦是增加了甚多，還有一危橋，所帶來之工友，竟不敢過，自願回去，因此行李還要自己拿。

兆去歲暑期中，曾走遍臺灣中部各山地部落所居之處，歸來所草《臺灣山地紀行》一書，凡十餘萬字，本月內臺北一文化出版公司可以印出，印後即當寄呈乞正。另一本臺灣中部山地園藝資源調查報告書一大冊，已由中國農村復興委員會印出，此爲一科學寫作。此次山地之行，所得較去歲似尤多，科學部分正草報告，而紀行之作亦正在寫，已在山行急急中，偷閒寫了五萬多字，現猶繼續寫。兆來臺灣以後，做了三件比較有意義的事，一爲參加耕者有其田的督導，此使兆走遍臺灣平地各鄉村。一爲創立了一個園藝系，此使兆藉此亦不負所學。其三則爲去歲暑期及今年暑期以至明年暑期之山地調查，此三年之山地調查工作，對整個臺灣之山地開發固將不無貢獻，即對一己心靈之開發，亦似有點名堂。山地開發可解決一些問題，而一己在山地之似有所見，似亦可以述之，以告來者。此次在臺北未獲一晤，而上次又復晤談匆匆，山行之趣竟亦因此而未能向先生稍一吐露，今寫此信，自是所言太少，惟有一深感，終不能不藉此一達。數年前先生自港九沙田曾賜一長函，後此函被附印於《人生十論》中，當時兆即擬將此感表達於奉覆之信內，旋又思書面表達，不如中心藏之。乃不覺一藏數載，遂致想奉覆先生一長信之願，亦數載於茲，未能辦到。今在山中，又在信義村中，亦即羅娜部落中，適遇全臺戶口普查日，停下來，乃急急寫此，但恨多謬誤，只是管不了，此或亦不過是一任一氣之流行，與夫一理之流行以至一善之流行罷了。

兆入山愈深，便愈覺平地之爲平面，又入山愈高，更愈覺平面之爲墮落，以此而論現代文化，實爲平面文化，以此而論平面文化，實爲墮落文化，一切墮下來，一切落下來，這便不能不接上一點東西，不能不建立一點東西，不能不實際做一點東西，否則，便要一直墮下來，墮入深淵裏，一直落下去，落到斷崖邊，這要如何才能爬上來？這要如何才能越過去？便不能不大費思量：

要接上，便要承先，便要繼往。

要建立，便要啓後，便要開來。

而要實際做一點什麼，便必須要站起來，立得住，並頂上去，凝然不動。

就如此構成了人類社會與人類文明的三代，此即是前輩、晚輩和平輩。目前的時代青年，不論遇到什麼人，一見面就是拍拍肩，稱兄道弟，這是不知三代，這是平面作崇。在現代的平面文化裏，是只有一代，只有一面，因之一代的精神，便只是一時的風氣，而一時的風氣，又只不過是一方面的飄忽，以至飄，飄，飄，只是飄，隨風飄來，又隨風飄去，人類的精神是飄去了。於是人類社會便只是動進，新奇而無清寧，人類文明便只是舒服，花樣而無安適。大家不能歸本歸仁，大家便飄如陌上塵土，大家不能歸根歸土，大家更飄如水上萍踪，一切只是剎那，一切只是影子，於是臨風而泣，顧影自憐，就造成了目前一大生活的慘相。此一慘相平鋪著，自會是一大平面的慘相。墮落之後便是卑屈，卑屈之後便是污下，所謂一大平面的慘相，其實就是一大污下的慘相。於此而言天地之美，則天地已閉，於此而言事物之眞，則賢人已隱，於此而言心性之善，則面目尤非。在一氣流行處是一斷崖，在一理流行處是一斷崖，在一善流行處是一斷崖，莊生之意，禪門古德之意與夫程朱陸王諸宋明大師之意，皆邈焉不可復得。

而談科學者，便只是一面，人類安於一面，實即是安於卑下，以此而言自拔，便必須三代。挽救一氣之流行，要三代，挽救一理之流行，要三代，挽救一善之流行，要三代。這就是前輩、平輩和晚輩，這亦可說是夏商周，這亦可說是忠質文。大家想像三代之盛，就可想像三代之德，大家想像三代之德，就可想像三代之人。三代之盛是一個規模之盛，三代之德是一個撐架之德，而三代之人則就是眼前之人，有前輩、有平輩、有晚輩就有三代，三代之人，當下即是。人類文明要接上，人類社會要建立，人類歷史也得要實際做出來，這必須要前輩、平輩和晚輩，這必須要三代之人。在撐持架格方面，要三代之德，在規模氣象方面，要三代之盛。

以此而言新亞，則先生是前輩，兆與君毅、丕介諸兄是平輩，唐、余及新亞諸友不能不是晚輩。年來兆默察新亞風氣之所趨，趨於平面之處猶多，而趨於三代之處猶少。因此規模總似未如何立，撐架總似未如何堅，眼前總似未如何順，此先生之所苦，自亦爲兆之所慮。此次君毅兄來臺，與兆暨宗三兄等相晤時，兆對君毅兄彌天蓋地之象與夫宗三兄截斷眾流之氣，益有所體認，而君毅兄與宗三兄之對先生亦可謂瞭解最深，尊崇最甚者，此實富一極大之時代意義和社會意義與夫文化意義。

吾鄉歐陽先生自是一代大師，惜入於佛。梁先生崛起南荒，好深湛之思，有獨特之行，惜履秦地，以致降志辱身而未有已。熊老先生目擊而道存，其風姿之美，氣象之眞，舉世無匹，應可爲天人師表，但終未免飄逸，爲人太清，遂與世隔。馬先生詩文之妙，儘可不朽，其守身與守道之誠，亦爲人所共見，惜山林氣重，終與世相忘。此外兆所遇之前輩先生猶有柳老先生，亦確爲腳踏實地人，昔吳先生極稱之，今已不知去向。至於胡先生自是名聞中外，婦孺皆知，前歲來臺，曾至農院，自稱爲學，流來流去，其風度極佳，其所言可以見其謙謙之德，亦以見其自知之明，其學之流來流去不足非，惟其學之始終似流於平面，則不免爲天下惜。國無仁賢，其國空虛，前輩寥寥如此，豈不足嘆？

大亂之際，天賜良機，太湖之濱，與先生相識，避難港九，更獲追隨，惟因家累及一己所學，不能不離新亞而居此間，此則無可奈何。年來有些事，先生亦無可奈何，而先生於此而「莫安排」，又於此而自以爲「正好做工夫」，亦所以見先生之所學，與夫先生之所以自許與自任之處。宗三兄年來亦富無可奈何之情，後獲君毅兄一言而決，於此君毅兄之知言之哲，與夫宗三兄之從善之勇，實皆爲舉世之所不及。兆之平輩中，彼二人誠令人五體投地，其將來之所成，兆實不能窺其際。至復觀兄五十歲後始致力於學，且能有成，並能勇猛精進而不已，此亦舉世之所難見。他如許周姚傅諸子，多年來已音訊杳然，而道路傳聞，姚兄在兆昔日所辦農院中，已患血疾，消瘦不堪，果如所傳，眞是可慮。國無仁賢，其國空虛，前輩寥寥，平輩亦似不多。年來在此，新識吳葉二君，亦常通信，其來信中曾云中國不亡，文化不亡，乃先生等之力，即此亦可知先生實已負天下之重望，固非兆等人之私言。

新亞年來自亦聲譽日隆，就兆所已教過之學生而論，唐、余等人皆有天資，惟唐之質似較厚且知收歛，余則似雄於才，發揚而開張，如得其道，成就自未可限量，惟觀其所爲文字，如對梁先生文化路向之說，竟率爾議論，當係爲時代風氣之所影響，如其一任發揚而不知收斂，則將來流於平面，亦未可知，此則須先生之時加鎚鍊方能有大成就。唐生來信每言欲學兆之爲文，實則兆之文字不可學，學則必出毛病。唐生質厚而天眞，復有內慧，他和余生之未來成就，現時猶難確言，但他已走上了一條路，則無可疑，惟猶須先生之好好培養，方可爲新亞精神之發揚光大人。就兆記憶所及，新亞學生之佳者極多，如不流於平面，則莫不是有爲有守之士，將來一氣之所達，一理之所到，與夫一善之所鍾，有前輩如先生之道之以忠，有平輩如君毅兄等之承之以質，則後輩如新亞諸子之興，自會是「郁郁乎文哉」而不能止。如此一氣之流行，有三代之撐架，必成天地之美；一理之流行，有三代之撐架，必復事物之眞；一善之流行，有三代之撐架，必全心性之體。時至今日，實只能賴先生以接上一點東西，賴君毅宗三兄等以建立一點東西，並賴新亞諸子以實際做一點東西。

宗三兄在臺有人文友會，聞風而起者已大有其人，吾鄉有蔡仁厚者從其學，雖其氣清而弱，然亦漸能卓然而立。復觀兄在此亦足使後學聞其言而興。以此而論新亞，其影響之所及，有先生等三代之撐架，自當無可底止。不能援天下以手，而援天下以道，目前總是一個大時候。兆自數年前接奉先生之長函論及文學與哲學之改造等等，並進而論及「一」之後，即蓄此意於心，思爲長信以奉覆，但其時只能覆一短簡，略提音樂與數學之美可以相通之事，此誠不恭之甚，乃數年來先生對兆愈親，待兆愈厚，再不爲長函以盡此心、達此意，實無以補此罪過。此間似桃源，眞是好一片風光，好一片景色。自問到此，更會有何所思？有何所慮？當同學們唱兆所作隊歌之聲，聲猶在耳之際，兆亦不覺暗暗自唱，唸唸有詞，從而山中一笑，夢寐皆甜。居今之世，思及三代，人以爲妄，但居山之中，思及三代，百事俱眞。有前輩、平輩、後輩之撐架，只要不流於平面，只要接上一點，建立一點，實際做一點，只要一任一氣一理一善之流行，則夏忠殷質周文之規模，當下就是，眼前就是，不必他求。此事至簡，只患不能簡單化而已。

君毅兄此在臺北與兆相見，曾言及與先生同感兆年來享受得最少、做的事最多。兆聞之後，汗下三日，慚愧萬分。以言享受，兆之處境，可謂最佳。兆之妻賢子女肖，又是半農半士人，一會在城市，一會在山中，身體從來無病，牙痛亦不須醫，右足雖在山中跌傷三次，然愈跌愈能走，愈傷愈起勁，亦可謂天之厚我，特別之至。學生們視我如慈父，兆亦視之若子女，因此兆子女之多，亦是盛事。昔康節以「也能康濟自家身」爲自豪，而兆則身自寧，家自好，不須更去康濟，所不足者，只父母遠在天邊，世亂不能相見。說到做的事自是沒有什麼，雖此五年來寫了一點書，寫了三百多萬字，但都是出之易易，作爲消遣和換點稿費之用。平生總是走順境，雖以前生活較優裕，現時負擔較重，飲食較差，但究竟所處是順境，沒有受打擊，也沒有受磨折，無逆轉，無破裂，很自在，很單純。以視宗三兄，則宗三兄較兆爲苦實多，以視君毅兄，則君毅兄入夜呼天，其天性之厚，正與其中心之苦成一比例。而先生南來後，側身海隅，四顧凄寂，昔孫明復居泰山之陽，年五十而鬚眉皓白，今先生六十餘，以視前人，自是苦得多多。上次在臺北與先生夫婦暨君毅兄赴士林觀蘭後，兆與君毅兄更去動物園一觀，而先生夫婦則他往。當時兆與君毅兄甚欲看獅子，只是獅子潛伏不出來。若獅子一出，當大可觀。然此猶只是動物園中之獅子。若眞的是時代的獅子，社會之獅子與夫文化之獅子，能一出來，豈不令人拜倒？兆無狀，惟望時代社會和文化出獅子。所言多妄，肅叩道安。

（附）錢先生來信

兆熊吾兄道席：弟此次來臺，蒙　大駕出山，獲親一面，快何如之，而見面匆匆，乃無從容暢談之機。弟離臺後又蒙　大駕再度下山相訪更滋不安。頃奉長箋，反復雒誦，勝愈面談多矣。久別乍逢，常感種種話頭無從說起，欲獲暢竭胸襟亦須一特別境緣，有時轉不如書信往返轉可暢盡也。弟歸後種種冗雜，此間生活與以前　兄在時甚大不同，弟讀　兄函即欲復長箋而恨乏此情趣，今日星期午後得少閒，然案頭久擱待復之函太多，心下一緊張種種想說話仍感無從說起，心情已非，筆墨盡成浪費，種種要說話終感無可說，奈何！

兄所論平面文化一節，實是目下一切病根所在，然弟另有一苦衷，若　兄等眞以前一代人視弟，此爲弟所最感苦痛不安者，年事日邁，精力日退，志氣日消，求爲一現代人已感追不上，若平日敬畏友朋，再以前一代人相視，試問心下如何得安？　兄又說及獅子一節，弟亦常香馨香禱祝冀一遇之，然內所自存只求在動物園中做一小動物，有時亦可得來遊者遊目玩賞及之，萬不敢自望做獅子也。此數年來心力大倦，如獲有幾年小休閒遂其澹泊之素，此物雖小亦小有生趣，可供遊人玩賞，太倦了常此自厭，深恐終成費物可厭之物耳。

種種不如意，此非有好機緣，若與兄同在山中有旬日閒，偶遇心情好，或可吐露眞情，若勉強說之終是說不出，實亦無可說也。此刻即要擺脫亦苦擺脫不了，則只好耐住在無奈何中，亦做得一些工夫，以待有能者來。弟則只是勉強枝梧而已。吾兄胸襟寬平活潑，時時有此等境界開示，實深盼望。專此復頌

近祺並候

闔第平安

弟　穆　拜啓　九月三十日

5. 有關山地果園

君毅兄：弟上週下山，比聞　兄已返港，並聞貴體稍有不適，念念。弟此次山行凡三個月，一度臺灣報載我失蹤遇險，實則平安無恙，所有危險和艱辛，都給我克服了。三年來的臺灣山地調查，使弟越過了萬水千山，也忍受了千辛萬苦，並因此更能識得艱苦。數日前曾奉

兄由美國來信，因地址不清，未曾奉覆，隨後弟即匆匆入山，這正是：

「我已入山深，歸來衣履破，世人不識山，焉得雲間臥？
山行九十日，萬木俱相招；若問山中事，雲深山自高。」

弟所越過之合歡山，已逾三千公尺，暑日在該山之巔，猶須燒火取暖。山行所遇，弟曾逐日記下，寫成《山地日記》一書，較前二年所書尤有趣。此次我　兄浮海赴美，所接觸的全是所謂現代文明，弟則深入高山，所見的乃是屬於原始狀態。但弟終不信此

二者之間會有多少距離？合歡山頂有一大水池，名為「天池」，我們在天池旁夜宿，其時天池四週皆是雷雨，只天池之上，猶有明月一輪，天池是太高了，連雨都似乎跑不上來。否則天池下雨，山洪暴發，弟等即將遇險了。其時弟甚有信心，一切不顧，有詩云：

「爬山直上三千尺，有水澄然作一池；倒映幾多黃檜柏，其中月出本來遲。
雲低四面成雷雨，不料天池猶是晴；月照破寮光縷縷，無人洞識此中情。
即此山光並水光，猶思寄語告諸方；夜來縱是山洪發，明日終當越太荒。」

合歡山全無人跡，只有鹿踪。獵人在天池旁曾遺下一破爛草寮，弟等即蟄居其間，其實並不能避風雨。天池之水為積水，內多紅點，但亦只得飲之。在那裏一切是原始，一切是荒涼。　兄由美來信所述之美國山水，謂美國有山處無水，有水處無山，此則與此間完全不一樣。在這裏山中有水而又山中有山，這裏完全是一個立體，這裏看不出一個平面。我在這裏，眞有點以前禪師們所說「獨坐大雄峯」的光景。

我由臺灣西部的平地，不斷的爬山，爬到臺灣的東部，爬到太平洋之濱，一共爬了二十二日。隨後又在臺灣東部的花蓮，山行十二日，再爬至臺灣東北部的太平山和大元山一帶，又花了十六日。終於又回到臺灣的西部，更進入了能高山區，在那裏有很多的原始闊葉林。弟所率領的一批農院的師生們，帶了八個帳篷，就住在那一原始闊葉林中。弟等白天在林中行走，幾乎是不見天日，而每日行走，則總在八小時以上，一大早起來，背上水壺帶著「便當」就走。「便當」是飯盒子的意思，我們每個人背一盒子冷飯，是預備中午在深林中饑餓的時候吃的。我們又如此生活了四十日。在那裏弟正進行設置著一個落葉果樹園，這包括蘋果、梨、板栗、胡桃和杏仁、棗子等等，這都是生長在溫帶和寒帶的果樹。臺灣是屬於亞熱帶，可是臺灣的高山地區，卻有著溫帶和寒帶的氣候。在亞熱帶種植著溫帶和寒帶的園藝作物，這是臺灣的創舉，這也是世界園藝史上的創舉。弟在那裏眞像是開天闢地，逢山開路，只不逢水搭橋。但逢斷崖處也得橫架上幾根木頭越過去。但這些都不是難事，也不麻煩。倒是在深林中覓路和尋找得飲水，眞個是千難萬難和麻煩透頂。

在高山地區辦果園，因爲是無人地帶，所以第一件事是築路，第二件事是蓋房子，第三件事是開墾，第四件事是繁植苗木。只不過在那原始闊葉林中，築路之先，還須得探路，這探路工作其實就是探險。蓋房子之先，則須得找水。當風處不好蓋屋，無水也不能蓋屋，要看好風水，方好蓋屋。而在深林中高山上，尋找著終年不竭的泉水，則眞有如基督聖經裏所描述的和所求的水。這求水之難，實勝過求寶。說到找尋著墾地，自然也因為受了種種條件的限制，著實不易。這使我想起以前美國西部的開發，若果如一些電影上之所描述，則弟等工作，是艱難多了。這因為他們是在一個平面上，他們的成就到如今，也還只是一個平面和一個平面文化，而我們則是在高高的山頭。我們幾乎是上與天齊，我們眼看著山在雲中，雲在山裏，我們又行走在雲中，坐臥在山裏。

在那原始闊葉林中，自然不會更有著什麼道路，一進入到那裏面，你就不能再辨別著東西南北。到處是樹木，而且還會是大小相似的樹木，不僅看不出四周的景色，就連天空都只能隱隱約約的見出一點。耳邊所聞到的，自然也有一些聲響，只不過風聲、落葉聲、鳥獸類之聲和一些不知名的聲音，相互夾雜著，聽來眞是森森然，冷冷然。在進入到那裏以前，你可以因為爬山，爬得滿頭大汗，但當你進入到那裏面以後，不久便會感覺到煞是清涼。你行走其間，你要是忘了作著一種記號，你會不知道回來，不能夠出來。你在那裏面走幾步，就須得要做個記號，表示你是在那一帶曾經行走過，要不然你所走過的地方，只要一轉眼，你就會不識去向，不知來由。關於在那原始闊葉林中行走時做記號，你還得採用著一個又快又省事而又經久的方法。你無法在那裏面從從容容地做記號，也無法在那裏面囉囉唆唆地做著記號。同時，記號做好了以後，還須得注意這記號不會一時消失。說到這裏，你就可以瞭解著凡是進入山地和進入深林中的人們，總須得隨時佩著一靶刀在腰間的緣由。當一個人進入了那樣的原始闊葉林裏，更無法不隨時要在腰間抽出一靶刀，不斷地砍著樹幹，作成印記，以資識別。像這樣一面行走，一面砍著身旁的樹幹，遇到大樹砍掉一些樹皮，遇到小樹，則一刀砍斷，讓砍印或刀痕，做著行進的標記，這實在是又快又省事而又經久的法子。我們從高山族的同胞們學來了這樣的一種方法，我們眞是受益不淺。我們在那原始闊葉林中摸索，我們還能夠摸索出來，就是全靠採用這種方法。

我們用這種方法，在那原始闊葉林中探險。在那原始闊葉林中有的是熊，有的是野豬，也有的是毒蛇，怪鳥，以至古古怪怪的吸血蟲等。說到這吸血蟲，我的兩足到現在還遺留著一些疤痕，本來是一個黑黑的小蟲，不會飛也不會跳，只會極緩慢的蠕動著。但當你在綠林中疾走時，卻儘有辦法爬進你的鞋襪之中，用那尖銳的嘴，插入你足部的血管之內，讓你的鮮血，不斷地流入他那可以儘量膨脹的小腹部，讓那小腹頓時大起來大得可怕。你因此便失去了很多血，但你全然不知，當你幸而發現時，你在大吃一驚之後，除掉了這吸血鬼，你方能微微覺得有一點癢，只不過癢了之後便起著水泡，水泡消了之後，又成了瘡疤，其色頗黑，久久不退。

弟所率領的一批師生，除了携帶著一切生活上的必需品以外，米、油、鹽、菜蔬、炊具和帳篷等等，都要充分携帶著，只有柴，在山中不須携帶。說到帳篷，那是童子軍露營所用的，每一個帳篷可以住三個人到四個人，這一次携去的帳篷是八個，因爲還須得預備僱工的住宿。我們僱了一批築路的工人，那都是那山地附近的勞工。我們無法把那些帳篷一開始就搬到那原始闊葉林中去，搬運東西要有路可行，打開帳篷紮營，要有水可飲，事先總須得探好路、找好水，才可以從而在那原始闊葉林中住下來，從事著各種工作。

在沒有探好路和找好水之前一個星期，我們是住宿在那深林外的八公里處。我們每天一早從那裏爬山，進入林內，不斷摸索著，摸索著進去，又摸索著出來，當回到住宿地時，總是時已黃昏。我們從那裏，一天一天深入那原始闊葉林，又一天一天地在那原始闊葉林裏四處找水。我們不知道在那林中，砍下了多少樹印，和留下了多少刀痕。漸漸地爲了樹印太多，刀痕太雜，有時竟把自己弄糊塗了，以致反而迷失了路。而當稍一迷失了路途時，每一個人的心情便慌張萬狀。要是在原始林中，走不出來，則一到黑夜，便不堪設想了。

幾月以前，弟和一位教授及另一位助手憑藉著兩位高山族人帶路，進入到那一原始闊葉林中。這兩位高山族人是居住在一個名叫「春陽」的部落裏，那春陽部落離開我們要探路和求水的深林很遠。可是這兩位高山族人卻曾在那深林附近的地方開墾了一些時候，又曾在那深林裏數度行獵，他們對那深林裏的情形多少熟悉一點，因此他們作了我們的嚮導。他們帶領我們在那時候進入那原始闊葉林，一共有了三次，花費了三天，最後一天，他們帶著我們曾一度找到了一條長流著的水，可以作飲水用，那附近還有些平坦地，可以紮營搭帳篷。我當時就曾對大家說，將來山地果園的房屋，不妨建築在那個地方。因此大家對那一個地方特別留意，並且作了一些記號，還在一株大樹幹上，刻了到達的年月日，以資認識，而便重來。在當時，我們非常歡喜，以爲以後重來，絕不會有何問題，而且打算重來時，就先把帳篷搭在那一溪水旁，以便從事工作。

哪知幾個月的時間一過去，等重來時，那兩位高山族人有事他往，不再能爲我們作嚮導，我們祇能憑幾個月以前所砍的樹印與刀痕，進入到那裏，到處找尋著那塊地方以求水。可是樹印刀痕在深林中，經過了幾個月，已經模糊起來了。我們找了又找，求了又求，怎麼樣也無法再找到那塊地方，和求到的水。我們從深林外八公里叫做梅木的地方，一早跑進林內，有三位先生，十二位學生，並僱用了六個築路的平地工人，就是在山下帶到山上的閩南籍的臺灣人，一共二十一人，一起出發，分批尋求。先是一直進入，隨後左右分進，就記憶所及和設想得到的方向，步步探求，處處摸索，但總是落空。像這樣對一個地域的最初開發，是很難比擬的。這不會像美國最初對西部開發的情形，這也不會像我們的祖先最初對長江流域和珠江流域開發的情形，因爲在那一帶都不曾如何遇到這樣求水尋水的問題。而當一個區域的開發，居然發生了這樣的尋水求水的問題時，一滴水和一滴水聲，就眞成了人間的至寶和無上的樂音。

我們一次一次地進入那深林，我們一次一次地走出那深林，乘興而入，失望而回，我們在尋水求水當中，看看希望落空，又眼見黃昏即至，不能不早早退出深林，急急趕回住處，我們眞是無可奈何，只得長嘆。我們失望之餘，總是想起那數月以前給我們作嚮導的兩位高山族人，我曾派人去請，請不到，我又曾親自去春陽尋找，也找不來。他們兩人的行踪無定，竟是可遇而不可求。我們終於還是只好再去進入深林，拼命去尋找著。我們用盡了一切可能的方法和憑了所有的設想與幻想，我們還是久久找不出一點水和聽不見一點水聲。最後一次那差不多已經是找了兩個星期了，我帶領一隊人，包括了兩位最善行走的臺灣學生，已是尋找到快要黃昏了，我憑了我的記憶，覺得有一個地方很像是數月前發現有水的區域，於是我要一位學生站立不動，作我退回時的目標，再要一位學生跟著我在後面緩緩走，而我一人則急急前行。我一面用手撥開荊棘，一面側耳靜靜的聽著聽著，於我隱隱約約地聽到了一些水聲，我更急急地走，又急急地撥開荊棘，我不料我的手心流滿了血。於是我大聲嚷那緩緩走在我後面的同學，要他立即前來，我對他說：「我流血了，你前進！朝著水聲前進！」這學生一一照著我的指點，繼續去隨著水聲尋求著水，我反而緩緩地跟著他在後面走。我一方面指揮他前行，一方面又時時凝視著一手的血。

我在那時候眞是若有所思，恍有所悟。只不過在這裏，你若問我所思如何？我不能說，你若再問我所悟的是什麼？我也不能說出來。那時候黃昏越來越近，在深林中原本是陰沉沉，現在再加以夜色漸臨，誠不能不令人頓覺愁慘。我所思慘然，我所悟的則是一番慘痛。到此，我一方面具備著一種激烈的尋水的壯懷，另一方面又具備了一種深沉的求水的悲感。我很想在原始的闊葉林中停一停，可是我不能停。我又想在那裏坐一坐，可是我更不能坐。還有一個時候，我簡直想在那裏倒下來，可是我又如何能夠倒下來？我眼望著我的學生急急地繼我前行，又耳聞到水聲愈來愈響，我大聲對我的學生說：「水已不遠了。」過了一會我更對我的學生斷言道：「水就在前面！」

不久之後，我的學生回了頭，滿頭的汗，氣喘不過來，但仍是急急的向我身前跑來，更急急地向我報告說：他已看見了水！那就是我在數月之前憑藉著兩位高山族人作嚮導所尋求到的水。在那水旁，我們搭帳篷的問題解決了，以後在山地辦果園，蓋房舍的問題也解決了。行將要築的路，也有了方向，有了重心，並可由此而聯結著起點。我爲此像是了了一件大事，遂了一番大願。我一方面如獲至寶，我一方面又像有些痴呆。我聽到了我的學生說有水的報告以後，我眞是一時無語。而我的臺灣學生則連聲說道：「眞太興奮了。眞太興奮了。」這年輕的興奮竟招來了像我這年已半百的人的痴呆。於是在我一轉念之間，我也就隨之興奮。終於我們興奮之餘，更畏懼著黃昏。

正當我和這位見水的學生走了回去時，另一位站著作目標的學生，聽到我們大聲叫著有水，便立即跑了過來。不料這時候一位朱教授，卻從另一尋水的路線，帶來了另一隊的人，和我們會合起來了。他們也苦苦的尋水求水，卻毫無著落。他們在失望之餘聽到我說有了水，更急急地要我指點著水的處所，而且立即依照我所指的方向，不顧黃昏，只顧前走。我們也只好不顧黃昏等候他們。等他們急急回來時，他們也同樣的異常興奮，並急急說道：「見到了水。」於是所有尋到水、求到水、見到水的人們，便一起乘著行將到臨的夜色，平安而愉快地走出了那一原始的闊葉深林。而當我們這一行見水的人們，到達那深林外八公里的住宿地時，其他的同學和同仁，更一起攏了過來，爭問著水的消息。

像弟等這樣尋水、求水和見到水時候，遙思我兄在美，有如來信所述：「乘機跑來跑去，計已上下飛機近二十次，城市走了十五個，大學看了十九個。」又遙思我兄「曾至尼加拉瓜瀑布去了一下午」，而據兄函所述，則此「瀑布是有千軍萬馬之勢，但溯此上游，則全無停蓄水之處」。這誠使弟不免由此而引起了不少的禪意。我回思我在海上航行的歲月，我回思我和我的妻室和兒女在巴黎和在凡爾賽皇宮之側的期間，我回思我在世界最古最大的學府裏就讀的時日，我又回思在世界最繁華而富於浪漫蒂克味的街頭上遊玩的時光。這也使我不免由此而激發了無數的禪思。在這裏，在這時候，尤其是在這尋到水、求到水和見到水的片刻，我實在應該要如明人陳白沙一樣地問一聲：「乾坤誰眼碧？」而在此一問之後，我更要深地嘆息著！

似此弟之嘆息，弟思惟　兄知之最深。　兄在外方，見「有山處無水，有水處無山」，此　兄之所見，見之最眞。弟三年來入山深之又深，而覺「山水有清音」，亦復是千眞萬眞。山水之有清音，實因山水之同在。山水兩分，世界破裂，由此而山河破碎，大地陸沉，此必然之勢，自然之理。本此以言弟山中尋水之義，本此以言弟山地求水之心，更本此以言弟高山見水之情，則弟之不顧手滿了血，和不顧黃昏，不理夜色，總不致無緣無故。三年以來，弟率領了不少的大學教授和大學男女學生走入高山，走入臉畫藍紋的高山族裏，經過了無數的斷崖，遇到了無數的絕險，而個個平安，人人無恙，這眞是「豈非天命！」若一失事便一切完了，自不能再與　兄寫此囉唆之信。今則寫之，足知天命。弟由此識得艱辛，識得險阻。但由此更知道人能眞識得艱辛總在苦難完了之後。人能眞識得險阻亦總在危險過了之後。在苦難之際，在危險之中，一個人往往會昧於一切。這一世代的人們，就弟看來也正似乎是在昧於一切，由此而構成世運。若天命可知，世運又會有什麼難知呢？

兄前由美來示云：「美之風景，雖亦有可觀者，但無古蹟，又無亭子與牌坊，故風景皆無收攝處，只是一往散開，此平面之自然所生者，亦爲一平面之文化。」此意弟於高山山地歸來之後，尤能深識之。昨晚宗三兄來弟寓長談，談及人之美感問題，他頗感人之生命、智慧和德性的最後根源，亦可歸之於一個人的美感。一切思想和行動，說到最後，常祇好以興趣二字說明之，他以此亦主眞美善之相通而互爲其根。孔子耶穌釋迦，以至柏拉圖尼采等之人格形態，實聯結著他們各個人所特有的美感的形態。由此論一個地區的風景，自然會或多或少地影響著一個人的美感。高山流水令人起高山流水之思，而平面祇好令人作平面之想。思想人格以至整個文化，流爲平面，會成爲人類社會的不幸，亦會成爲天地、自然的缺憾。到此「爲天地立心」，亦須爲天地做美。而一切的道，一轉念成魔，一切的智，一轉念爲昧，一切的美，亦復深深聯結著醜惡的一面。

爲此，宗三兄與弟俱深長嘆，諒兄萬里歸來時，當更長嘆。

當弟爲了要開闢山地落葉果樹園尋到了水之後，當弟爲了要在亞熱帶從事溫帶和寒帶的果樹栽培求到了水以後，更當弟爲了要實現一個直到目前爲止猶爲人所未曾嘗試過的創舉，而在海拔一千九百餘公尺之原始闊葉林中見到了水以後，弟等第二步的工作，便是在那高山流水之旁搭上一些可供住宿的帳篷。在那時候弟等因爲要整理一些東西，便要那些僱用來的工人們先去那裏搭幾個帳篷住宿，以便工作。那知工人們爲了懼怕著那原始闊葉林中的毒蛇、野獸以至吸血蟲等，和更爲了懼怕著那原始闊葉林裏的陰沉寂寞，以至黃昏的淒迷與黑夜的愁慘等等，竟一起說道：「寧可回家，不願進去。」在那時候，還有誰能強人所難。因此弟即決定自己首先進入到那裏去住宿和工作著，一批師生跟了進去，清理場地之後，又搭了臨時的廚灶，廁所和浴室以至吃飯的桌子凳子等，此外還設置了一個小轅門。如此整理就緒，佈置停當之餘，又去請那些住宿在深林外面的工人們進來同住，以便一同工作，那知他們還是不肯進去。他們表面上的理由是說馬上要過中秋，想過了中秋以後，再搬進去，實際上是實在有點受不了那裏的苦，到此眞是無可奈何。只不過中秋過了以後他們也居然搬進去了，惟數日之後，他們又一起要求不幹，下山回家去了。於是弟只得另僱一批工人上山工作，但此一批工人，做了幾天，又是不幹，這使弟又只好另僱，如此僱了又僱，可謂麻煩已極。然較此更麻煩之事，還多得很。一切在草創之中，舉凡在草創之中的麻煩和苦惱，總得承當。由此一承當，使弟頓然思及古人所謂的覿體承當。由悲感而有苦情，又由苦情而生悲感。在悲感與苦情當中說承當，這才眞的不像是一個光景。

我們首先在那原始闊葉林中，築了一條路，這眞像在混沌中畫上一劃，而讓天地初開。在這一條路橫貫那原始闊葉林之後，又築了一條支路直達墾區。這更像在混沌中一劃未了又畫一劃，而讓天開又讓地闢。目前弟正打算在搭帳篷處蓋著木屋，更進行著在墾區從事栽植。弟所具備著的一個理想，是想在那原始闊葉林裏，成立幾座現代的花果山。由此而開天闢地，更由此而益壽延年。

在築路的期間，有一天近黃昏時，弟一人走在一座森林的僻處，那裏十分陰濕，頗生長了一些羊齒類的植物在樹與樹之間，弟一人去到那裏，是想找出一條近路來。竟猛不提防在那時候跑來了四個逃亡者，把弟圍將起來。弟穿著一條破衣裳（原本是好的，但到這時候，已完全破爛了），鞋襪更是破了，鬚髮多時未剃，長得很長，而且白了不多少。他們要弟指點迷途，他們是逃到那原始闊葉林中迷失了路，他們問我在此作粗工每天工資少。他們這樣一問，使弟心安了。弟最初以為他們是強人，要謀一些財，甚至還會害命，不料他們竟反而像是有點垂憐著我這老工人，而問我所獲多少。於是我立即回答所獲的工資，有一位亡命人，把他的好鞋襪給我，而要把我所穿的破鞋襪和他交換著，弟自完全依從。弟指點他們走出深林的路。他們之中，又有一位堅決要把他的一塊香皀送給我，以表示謝意，並且還對弟說道：他們將永遠不會忘了我指點迷途的恩德。眼看他們走出迷途，我又揮了一把汗。我的同伴們四處找我，又四處大聲地呼嚷著我。他們都一起以爲我迷了途，而我則始終不願將此一遭遇告白著。我深怕我一告訴此事，便要使人人驚恐。大家已害怕著毒蛇，野獸，吸血蟲，不好又讓大家去害怕著歹人歹事。我說他們是歹人，是亡命人，甚至是強盜，這都會不正確，但這些人來勢洶洶又著實令人可怕。或許他們是獵人罷，但既是獵人，又如何會在林中迷路？而且他們又沒有獵具，更沒有携帶著狗？當我由那裏走到我的同伴那裏時，同伴們又驚又喜，我們一同在黃昏時候回到搭帳篷的地點，我幾乎疑心我在原始闊葉林中遇到了鬼。

說到這裏，弟還要告訴我　兄一件事。當二次大戰時，使全界震驚的臺灣霧社事件終於給日本軍隊平定下來，只是這一平定實至不易。高山族人在霧社進口處和日軍對峙，日軍犧牲極多，使用飛機大炮和放毒氣，亦不得逞。現在弟所居的原始闊葉林，是在霧社後面的西北。高山族人竟全未提防日軍的大迂迴，而當日軍大迂迴到這裏的時候，便大勢已去。但日軍在此原始闊葉林中還是有不少的傷亡。目前遺下的一些日軍墓，四週滿是酒瓶，酒瓶還很完整。據說日軍死亡時，他們活著的同伴，把他們的屍體，匆匆用土掩著，以後便狂飲起來，以示悲哀，因此酒瓶滿地，在那陰沉的森林中，再加以這陰慘慘的戰地的遺跡，這使人想起著鬼也是很自然的事。

弟所率領的一批師生們，眞算難得，他們在這樣的原始闊葉林裏，和弟同甘共苦之餘，幾乎還是同患難。我們住在這深林裏的帳篷內，一到夜晚，就更像是作戰。我們把硫磺粉撒成一條黃黃的線，圍繞在帳篷外面的地區上，有如壕塹，這是防禦著毒蛇的。我們在帳篷內臥著，身旁放好獵鎗，獵鎗裝滿鎗彈，這是準備夜半驅逐野獸的。我們更在帳篷內撒下許多的BHC粉，這是對付一些吸血蟲和其他的毒蟲的。一切都是作戰的準備，大家都像是戰友，所以不能不說是同了患難。在那時候，師生們是分著好幾批，同學分兩批，這批住了近二十天下山了，另一批又從山下跑上山，接上去，住下近二十日。先生則分了五批，一批下去，一批接上，有的住得久，有的住得暫，而弟則從始到終不得離開，不得休憩，因爲是總領隊，又是計劃執行人的原故。爲什要分批呢，這只要看連工人們都不願在那裏住下來，就不難知道要分批的理由了。在那時候每當一批同患難、共甘苦的師生們離開我下山去的時候，我心中眞是說不出的難過。在那時候每當另一批師生跑上山，接上來，又和我共甘同苦共患難的時候，我更是說不出的衷心歡喜。慢慢地，我由悲感裏引發了壯感，又由苦情裏引發了深情。在那時候我眞是深深的感到萬木相招引，這便使我對一草一木都確確實實的具備著深情，而當我在深林中，爲了招呼我的同僚和同學們，去深深呼嘯時，我也就確確實實的具備著另一番氣概，生出壯感。我們有時候還弄到一些野雉吃，我們又有時採得了一些香菌嚐，我們在早飯時匆匆的吃了，就出發工作，又裝上便當，以供在深林中作著午膳，可是當我們黃昏歸來晚膳時，我們大家就都有說有笑了，而且有時我們還開著晚會。我們曾經僱用了兩位高山族少女煮飯，只不過她們煮了幾天飯之後，覺得太苦，便告回家。當她們回去以後，我們就得自己煮飯，因此就更煩忙，而且晚會時少了兩位高山少女，也少了些風趣，只不過我們的晚會在那原始闊葉林之內，也畢竟是不同凡響，而至堪回思的。

說到我們用作山地果園的墾區，我們已經是有了三個了，一個是在那原始闊葉林裏的十八林班之內，一個是在那原始闊葉林裏的十七林班之內，這兩個墾區，都是我們這一次的主要的工作對象。而另一個墾區工作，則在去歲就已開始了。那是在有名的北港溪上流之旁，那裏只有九百公尺高，由那裏上到我們搭帳篷的高一千九百公尺處，要走很遠。弟在去年寒假中曾和朱教授長志由那裏爬山，爬到很高很遠處，雖有兩位高山族人引路，也無法再往前行，那是一個高峯，有叢林。就在那叢林中的一株大樹上，我和朱教授每人都刻上了一個字，以作紀念，並準備重來。

在那北港溪畔的一個墾區裏，弟已種植了兩批落葉果木，內中有板栗，有胡桃，有杏仁，又有棗子，而且每類的品種各色各樣，苗木都是從美國加州的大苗圃內，用飛機運來的。先從加州苗圃空運到臺北，再用專車運到臺中交給我，我又用專車立即運到霧社，再僱高山族人背到那北港溪流之旁，而更由弟和那位朱教授親自手植在那一墾區內。先後兩批，第一批苗木，由美國苗圃運來，到栽植在墾區爲止，只花了十二日。第二批稍久一點，可是都百分之百的栽活了。這是在臺灣有史以來的第一次，我們由此卻獲得了在臺灣山地發展落葉果樹的極大信心。隨後有一位陸先生由弟陪去參觀考察，我們住在那已栽培苗木的墾區茅寮內，在那茅寮附近，頗散居了一些高山族人，他們也在那一帶墾植。他們之中有一位年約二十四五歲的男子漢，是個啞吧，他跑來我們住的茅寮內，和我們很是要好。他看看這裏，看看那裏，又問問這個，問問那個，他口不能說，可是手卻很能作一些手勢，使人明瞭他的意思。

我們帶了一些罐頭食品來，這是因爲在那裏，什麼食品也不容易買到的原故。他看見了我們那些罐頭食品，覺得極稀奇，他指牛肉罐頭問，陸先生便告訴他說：是牛肉罐頭，可是他不懂我們說的話，他只能懂他那高山族人所說的話。於是陸先生便指著那牛肉罐頭上所畫的一頭牛，這使他明瞭罐頭裏面是牛肉。他又指著一個豬肉罐頭問，陸先生便指著那上面畫的一隻豬，他點點頭。他還問了我們的竹笋罐頭，青豆罐頭等等，因爲上面畫了竹笋和青豆等，所以都不發生問題。終於他發現了一個素食用的麵筋罐頭，上面畫了一個觀音佛像，作素食的標記，他大吃一驚，指著佛像，又指著我們，表示那是人像，罐頭裏面一定是貯著人肉。而且還有點鄙視著我們所謂文明人，吃牛肉，豬肉，又吃人肉，彼此言語不通實在無法去用言語去解釋。好得陸先生很機敏，他拿出一盒狗頭牌的火柴來，火柴盒上畫了一個狗頭，他指給那位啞吧看，又把火柴拿出來給他看看，更把火柴和畫的狗頭比一比，表示火柴是火柴，狗頭祇是作招牌用的。於是啞吧又點一點頭，從而也知道了素食用的麵筋罐頭紙上畫的人像，也只是一個招牌。要是沒有那一盒火柴，就祇好當著高山啞吧的面，去開開那一素食罐頭了。否則這一誤會，要是由那啞吧轉輾傳出去，讓高山族人都誤會那素食罐頭是貯著人肉，就眞的會發生一些不堪設想的後果了。

弟三年來，很多時期，都是和高山族人相處。弟家中還曾僱用一位山地少女作女工，煮飯洗衣，只不過她作了幾個月以後，她卻因事回到高山，而當她回去時，她卻是十分依依不捨。她和弟婦相處極好，她說一定要再回到我家來，她的父親是高山族中的酋長，她可以說是一位公主。目前一些高山族人對弟都可說是很好，很信任，可是這種信任的得以建立，卻眞不易。例如素食罐頭的誤會事體，那眞是極易發生。在這裏，除了不厭辛苦之外，還須得不怕麻煩。象山云：「不厭辛苦，此學脈也。」由此，便不難知：耐心即是道心。人到此時，人來此地，只要能夠細細體察，便可知隨處是道。

前此，當弟由近三千公尺高度之天池下到關原，又從關原到畢祿，從畢祿到古白楊，從古白楊到大北投，再從大北投到合流、到溪畔，又到太魯閣時，更由此太平洋濱之太魯閣爬上富世山，到達一個名叫大同的高山族部落中，我們遇見一位據說是有一百零一歲的山地老婆婆。她的臉上畫的藍色花紋很多，她赤著兩足，走起路來背脊挺直，一點沒有老態。她和我談笑著，她帶我到她的住屋內，她現獨居一座竹屋，她和她的許多兒孫分別居住，她的屋內是黑漆漆的。所有這些情形，我都在我的山地日記中詳細記了下來。有一件事，我現在要在此特別一提，就是她在極度高興之餘，竟穿上她幼小時所穿的跳舞衣，單獨地跳起舞來了。舞的時候，舞服上所掛著的無數銅鈴一起響著，這便讓大家圍了起來觀看，大家的歡聲震動了山谷，像這樣的場面，眞是令人畢生難忘。

試一想想，像這一百零一歲的老婆婆竟跳起青春舞，這又會是如何的一個「道」？

稼軒有詞云：「人間不識精誠苦，貪看青春舞。」而在高山上，正充滿了精誠，這精誠不由你不去認識著。到這裏，「道」便轉成了青春舞，這裏會儘有其生命的強度和精神的強度，由此而至的文化理想上的強韌性，和道德宗教感的強韌性，我想總會是十分可靠的。這和世人們連對物質文明的價值都有如日人所述：是「豬八戒吃人參果」，那眞是會大大的不同。

當去年弟自北港溪上流墾區，爬上一個高峯，刻上一個字而回歸之後，弟即深懷著一個理想，要再從高峯，一直前進，穿過無數的叢林，走通一條路，好讓我那栽植著板栗、胡桃、棗子、杏仁等落葉果樹之場所，能更方便地加以管理。只是因爲系內的事太忙，課務太忙，總未能予以實現。此次我們在那高峯的另一方向搭起帳篷，築路開墾，路已天天從搭帳篷處伸長出去。十七林班內的墾區，已數度勘察，終於有一天，弟和那位朱教授帶了二位同學，再由那一帶的原始闊葉林裏，摸索著前進，走到了十七林班，勘察著十七林班裏的墾區，竟出乎意外的發現了我們在那高峯上叢林中所刻的字。差不多是時經一載，我們終於走通了那一條路。而且是自從盤古開天闢地以來，第一次走通了那一條路。

先從下面爬上來，一年之後又從另一個方向摸索著走過去，終於在刻字的一株大樹旁會合了，走通了，這眞像是憑了一位絕大的先知的指引，不知不覺而行，不知不覺而至，不知不覺而合，不知不覺而通。這對我們的山地果園是一個絕大的便利，這對我們那原始闊葉林，則是一個絕大的奇蹟。我們驚喜著，我們跳了起來，同我們同去的同學也在那高峯上叢林中的大樹下刻上兩個字。我們回到帳篷裏我向大家說：我們已經走通了一條路，大家自然是莫不高興。而且還可以說：沒有比走通了一條路，更能給人鼓勵著。我們在那深林裏獲得了深深的鼓勵，可是在目前這樣一個世界裏像我　兄如此海外歸來究竟會有著什麼鼓勵，我想是很難說的！據旁人來信云：我兄歸後，刻正養病。這難道眞是所謂風塵勞頓嗎？弟在歐洲多年，弟深知外方人的那種生活緊張和一些尋求著刺激的心情，是和我　兄的身心不相調協的。《維摩詰經》載文殊問疾云：「眾生有疾，故我有疾。」是知世人有病，我　兄亦不得不病，但當我　兄聽到這樣走通了一條路的消息時，我想我　兄也是會受到鼓勵的！說到「道」，會就是那走通了的一條路。

弟在那原始闊葉林中偶然走通了一條路之後，更無意之中，走通了一條走來最近的一條路。那就是：自搭帳篷的地點，向前進，走到上面所說的那兩個墾區，我們先後探出了四條路。第一條路是由搭帳篷處過一個叢林後，直下到一個深谷，再由那深谷中，爬上一個山頭，又直下到一個深谷。在那兩個深谷中，都有溪水，只是太深了，我們無法飲用那裏的水，我們須得越過那深谷中的兩條水，然後更爬上一個山頭。一路之上，也都是原始闊葉林，走起來的時候，不能失足，也不能失手，兩手幾乎處處要緊握著樹枝或小藤小樹以至小的羊齒類植物，才不致跌落到懸崖下。由那第二個山頭再前進，更過一個斷崖，進到一大叢林處穿出去就是第一墾區，這是第一條路。在那時候是被認為最近的，只是要越過兩個深谷和兩條溪水，花的時候並不會少。第二條路是由搭帳篷處前行，斜繞著好幾個山頭，也須走下幾個山谷，但因為是在高處走，所以不須越過兩條水，那已是行在水源之上了，這一條自然比較遠。第三條路是走在更上面，在那裏一上一下，上要上得很高，下要下得很遠，還要過一個獨木橋（橋下並沒有水）和一個大山谷，雖然也不須越溪水，但依然是路程比第二條路，近不了多少。第四條是高山族的獵人們有時也摸索著走的路，而且還據說以前日本軍隊大迂迴，攻擊高山族人的大後方時，也曾經在那一帶摸索著行走過，那是搭帳篷處一直上，上到一個最高的山頭，然後再一直下來，也過一個獨木橋，穿過一個大叢林，方抵墾區，這一條路當然也很遠。

我探出四條路，足足花了十幾天，帶了好些師生，又帶了一些工人，一同開路。在工人之中後來還有一位年已七十歲的老工人，他在那一帶工作了三十多年，他自以為他對那一帶的山形地勢最熟悉。而且據他自己說：日軍大迂迴時，他還親眼看見，他身體極結實，聲音宏亮，看起來只像五十歲，他會捕捉野雉以至野豬等，他常常爲我們作著引路的工作，走在前頭，他很固執，弟對以上所說的四條路都不甚滿意，他嘆著氣。終於弟一人走在最前面，開著路，不顧那老工人的反對，決定另走一條路。

在迷茫之中，要另行摸索出一條路來，這有時候眞須得向上天祈禱。第一天，我走在最前面，遇到了走不通的所在，老工人在旁笑我不聽他的話，我的同僚和學生們也說不如依照老工人的指引，我默不作聲。可是當天晚上，我輾轉不能成寐，我堅信我可以走通一條走來最爲便捷的路。第二天我仍是走在最前面開著路，老工人緊隨著我，我不要他多言，我只要他助我砍樹砍除荊棘，我自信我所要走的路走得通，我自信我所要走的路，走來近。我走到一個大谷旁，老工人一定要走下去，說非走過大谷不可，我堅決要在谷頂攀援著行走，他也無可如何。不久之後我們走到了一個前此數月曾一度迷途的所在，老工人又笑我走得不對。但弟一聲不響，仍是前行。弟繞著一個崖邊前進，路眞是難極了，和我同去而行在後頭的黃教授，要我回頭，但我如何能夠回頭？我只是前進，終於不下大谷，又不上山頭，不越溪水，更不必再過著那獨木橋，走入一個大叢林裏，而走通了另一條路。這被大家公認是一條走來最近的路，連老工人也承認那是最爲便捷的一條路。

隨後就依照我所勘定的一條路線開工築路了。我衷心歡喜，我自慶平安。我如此在一個原始闊葉林裏住了近四十日，我鬚髮俱長，衣履俱破，但我欣然安然帶了一批師生下山。山地果園的基礎是打下了，以後的工作，會都是順利的工作。我們乘車進入市內，我感覺到自由自在。我有詩云：

「驅車入市中，原自高山下，暑日居深林，驕陽不得晒。比來汗已流，此去何爲者？仍袖嶺頭雲，往來覯大化，揮之無一塵，遂幸離牽掛。」

弟高山歸來之後，萬事纏身，兩個孩子的入大學，一個孩子的轉學，和那小女孩的進初中，已夠弟擔心不已，再加以舍弟的赴美進修，更使弟煩忙。比聞我　兄由美返港，遂偷忙草此長信，囉唆不堪。惟此高山之意，遙遙寄語，以答　兄上次由美寄來之長信，亦正所以酬大海之情。我　兄在美講學半載，未卜所見所聞能符所想否？邇來人造衛星又出，而弟猶嘵嘵於原始闊葉林中之事，並自詡爲走通了一條路，若非相知，又焉能輕出此語？世變之急，心情之緊，此中消息，自有由來，於此而濟以高山之意，參以大海之情，未始不是一件好事情。惟苦無好言語，以達此心耳。餘後敘。敬祝

雙安！

（附）唐先生來信

兆熊兄嫂：離港匆匆又三月，迄未與兄作書，不知近來好否。弟來美後，幾全未看書，亦未能定居一地。因來往各地，旅費可由國務院出，所以乘機跑來跑去，計已上下飛機近二十次，城市走了十五個，大學看了十九個。走馬觀花，亦得識大概。

美國人富足是富足，只哥倫比亞大學一年預算，即一萬萬美金。美人亦樂於工作，並喜助人，富新妍之朝氣。但人似皆差不多，各城市亦皆差不多。由機上看，美地多是平原，據云亦有山，但有山處無水，有水處無山。弟曾至尼加拉瓜瀑布去了一下午，此瀑布是有千軍萬馬之勢，但溯其上游，則全無渟滀水之處。中國山水之幽秀迴環之趣，乃美所最缺。又美之風景，雖亦有可觀者，但無古蹟，又無亭子與牌坊，故風景皆無收攝處，只是一往散開，此平面之自然所生者亦爲一平面之文化。此平面較寬闊，故美國頗能容納歐州之文化，對亞州之文化亦有興趣。又在此平面中，各人人格獨立平等自由之理想，亦幾能達到。美國之富，乃以物博地大，又兩次大戰皆勝，此皆邀天之幸使然，吾人徒然羨慕，毫無益處。

吾人之人口太多，歷史文化皆不同，亦不能處處仿效。而在文化理想方面，吾人亦實有可超過之者。如對於生活意義之領略，美人實甚淺。弟在日時，有日人言到物質文明之價値，美人亦只如豬八戒吃人參果，弟亦有此感。又美人不知敬老，故老年人多無依。又美人太忙，缺悲憫深厚之情感。其忙乃忙於其所專業，而自陷於其中，此皆其缺點。又美國之一般教育，因力求平等，故大學之程度低落。據在此住十餘年之中國教授言，美之大學平均程度，實低於中國。唯其建築設備好，故表面觀之看不出。又美人不敬師，教室中學生太隨便，吃菸，蹺足，恍恍蕩蕩之學生甚多，此乃弟之所親見。對此美國文化之缺點，中國留學生來此住十年以上者，多漸能知之。

而今在此之留學生，多在抗戰後來，居及十年以上。故在此之留學生亦有相勉於求超過五四時代之留學生之觀念者。弟見一留學生作一文，說中國學生留美分三期，第一期爲晚清如容閎等能皆兼通中西。第二期爲五四後，皆只知西而不知中，又來美只二、三年即回國負重任，誤國者即此一期之留學生。今後則應如第三期，當回復一些第一期之精神云云。此可代表一種留學生之覺悟。唯有此覺悟者，亦不甚多耳。

留學生在此就業者，理工科者頗爲美社會重視。文法科則中國人固難找事，美人亦難找事，故大學學費商科理工科較高，文法科較低。Cornell大學有旅館學系，學生畢業月薪可至數千至萬，農學院畢業者，回家用機器耕種亦收入極可觀，但教授則相形見絀。又同在文化出版界，如生活時代等暢銷雜誌，一文稿費可至五千，而專門學術雜誌則投稿者或須自出印費之一部，乃得登出，此皆不足爲法。拉雜奉報，敬候安好，嫂夫人闔府均此。

弟　君毅　上　四月卅日

6. 有關存在

百川：很久未接來信爲念。這大概是由於你很久以前爲了你妻的事寄來一明信片，我未能置答的緣故。我對你不顧三個稚齡的孩子的教養和家中日常事務的安排，而只顧爲自己的太太找職業找工作，也去做一個公教人員的事，我總覺得不很妥當，這事我已不只對你說過一次，但你們總是自以爲是，因此你來信要我想法時，我只好不覆。

四月底我曾由此因事經臺北至宜蘭，和宜蘭當局洽商以後，又經蘇澳，乘蘇花公路的汽車至花蓮，再和花蓮的當局接頭。適逢那時候蘇花公路有一段山崩，所以我便又由花蓮至臺東，在那裏可以乘火車，又從臺東乘汽車至枋寮，更由枋寮乘火車而返臺中。蘇澳花蓮一帶的風光極好，只是汽車盤旋於山頂，俯視著太平洋，有點目眩，也有點心驚。宜蘭是一個很嫻雅的城市，而蘇澳和南方澳則是宜蘭縣位於太平洋之濱的一名鎮，和一個有名的漁港。由蘇澳去南方澳，只有一點路，由南方澳至南澳則走了很久。到南澳後，再經太魯閣，不久就到了花蓮。花蓮那一塊地方，遠遠望去，眞像太平洋濱的一朵蓮花，清秀而又明朗，那是從海中湧出的一塊平地。由花蓮至臺東也是平地，那裏的火車路軌比較狹。一路之上，從車窗望去，較臺灣西部自然顯得荒涼一點，但在太平洋邊所令人引起的幻想，是比較在臺灣的西部要多得多了。到臺東時，我本想休息一天，玩一下，但一想到責任在身，須得快點回去時，我便又立即換乘汽車，橫過盛產著國際有名的蝴蝶蘭的大武山，至晚方抵枋寮。在枋寮的一家旅館我住了一晚，第二天一早就乘搭火車。路過高雄時，本想下車到你們那裏去走一趟，但是依然感覺到不便耽擱，所以繼續前行。就這樣我不到一週時間，就環遊了臺灣全島。現在想來，那時沒有乘便下車，眞像是過你們的門前而不入，也不免有點心情太緊，以致後悔不及。在這裏，我的內心自然有了矛盾。

上星期，我又因事去臺北走了一遭，並曾乘便至桂先生那裏談了很久，談到某家的事，眞不勝淒涼，桂先生說某兄對其兩個兒弟過於溺愛，以致他們到這時候似乎還要靠老太太生活，而且更因此引起了不少的家庭間的失調，老太太固無可如何，而他人也無從插嘴。我聽了很難過。後來我又曾去牟兄處一坐，閒談中，他涉及了他的一個學生，雖然是大學畢業了，但依然是沒有存在的資具，目前最多只能去中學教一教書，但教了

三、四年以後，便什麼都完了，我聽了也爲之慄然。

這一年來，我爲雍雍的事，心中煩燥得很，我爲了琤琤的事，心中又煩燥得很。人到中年爲兒女的事煩燥，本是難免的，但我的煩燥，則每每牽連到一些頗爲根本和頗爲特殊的事情。同樣的，我對於你們的內心的煩燥，我是多年以來一直如此，而自從去歲得知父親在大陸逝世的消息，但至今猶未能獲得他逝世的確切日期以來，我對你們的煩燥，更是深長。年近八旬的老母親，一人在大陸的家鄉三板橋掙扎著，苦苦地生活下去，是否眞的能夠生活到我寫此信的時候，眞是難說。於此，我除了默默向天邊祈禱著，更有何方？大姊一生辛苦之極，痛苦之至，去歲傳來的消息，也在大陸與世長辭了。到這時候，我不僅還不知道她逝世的日期，就連她逝世的年月，都無從獲悉。生死兩茫茫，自古至今，會有哪一個時候，更甚於今？再自今至後，是否會有一個時候，有似於今？前不見於古，亦難見於後，即此已可知我們今日所特有的際遇了。

我自從去年春間於香港友人處轉輾獲得了故鄉消息以後，我眞是大有隔世之感。不久你來到我處，匆匆一敘即回，至今差不多有一年我沒有見到你們。有一次琤琤自臺北來信，說你曾由高雄去臺北，回高雄時，一定會來臺中看我，但你終於沒有來。過年時，我以爲你會帶孩子來我處拜年，但也沒有看見你們來。當然在目前生活困難的情形下要走動一下，是十分不易的，不過有便時你總應該到我這裏走一走。

我去年暑假曾帶了一批農學院園藝系的師生，往臺灣高山族所居的高山山地跑了四十多日，在懸崖絕壁處，稍一失足，便要粉身碎骨，加之又逢大雨，山崩崖斷，走起來眞是膽顫心驚。學生們多有病倒者，我幸無恙，在高高山頂立時，我會想起家鄉，在深深谷底行時，我更會想起父母。我因爲想起了家鄉的苦難，所以反而淡忘了眼前所遭遇的困厄，我因爲想起了父母的苦楚，所以反而不感到連年所身受的艱辛。就如此讓一己在一種前所未有的困厄和艱辛裏，客觀化著自己。於大山大谷中，繫念著人間，垂憐著人世，這增強了我爬山的本領，也擴展我入世的襟懷。當我橫渡著兩山間的鐵索危橋時，我心安然，全不惶恐。我在父亡姊死之後，是頗有一些狂情，但不如此，我也就無法排遣著這一種內心的鬱結。我看你竟像老是嘻嘻哈哈地，這使我一方面欣羨著，但另一方面也感到一種對你不應不具備著的哀情。你年歲已是不小，但你入世竟是如此未深。對一般人而言，你總能夠像是入世未深，這原本是你的爲人所不可及的處所，只不過從一個人所應有的一種存在的意義上說，你總應設法完成你自己，你不能僅憑著自己的一點靈光，老是像一個未更世情的孩子。一個人一方面固然要爲了生活煩忙，但另一方面也總須得抽一些時間讀書，做點學問。做人要靠學問，做事也要靠學問，一切總不好閒著看，空著說。要知閒著手看的時代是過去了，空著口說的時代，也早已過去了。爬山要爬到頂，做人要有所成就，你不好在半山中，你不好在半路裏。你果眞長在半山中，你就應該念一念家鄉的多年的苦難，你果眞在半路裏，你就應該想一想父母的一世的艱辛。

我知道你目前的心中，也不是不在發急。你對目前的工作，一做就做上七八年，年年一樣，朋友們看你，像是老不長進，就是人家看你，也像是老不長進。所謂「同學少年皆不賤，五陵裘馬自輕肥」，這對我們兄弟而言，也確是實情。但於此眞能看得破是一回事，於此眞能有所立，又是一回事。你在這裏能夠看得破，這是你的天資獨特處，但你在這裏終未能有以自立，這便不能不是你的爲人閒散而悠悠度日之一種說明了。你在大學畢業到現在已有好多年了，你學的是經濟，但你對中國經濟上的問題，不能有一種繼續不斷而深入底層的研究，你對世界經濟學上的名著，也未能有一些研究有得而精闢獨到的見解，你目前學問談不上，事業也就更談不上，你只是爲著一個家庭的生活和一些家庭的瑣事而耗費了全部的時間，佔據了整個的心坎。在這裏，你能不煩燥，這是你的長處，你能不苦惱，這是你的長處，甚至你還能漠不在乎，這更是你的長處。你這長處可以說是得自父親的遺傳，也可以說是來自父親的教養，在這裏，你是一個肖子。

但你就如此陷於事中，你就如此只顧生活，你不知道你的不煩燥，只是你的孩子氣，你的不苦惱，只是你的不反省，你的不在乎，甚至有時還只是你的一些痲木。因此，在這裏，我對你就不能不像是有一種哀情，我感覺到你有了父親的優良的性格上的遺傳，你不知道善予發揚，我感覺到你有了父親的獨特的性情上的教養，你不知道力爭光大，這實在是你的不足處。

你對你個人的生活，不知安排，這對你的學業的影響是很大的。你對你自己的家庭不知安排，這對你的事業的影響，更是很大。你的生活沒有秩序，你一時跑東，一時跑西，甚至一空閒時，你就外出，你就亂跑，不能坐下來，不能靜下來，你的生性完全是動的。好動原也是你的一個長處，只不過你的動，總像是沒有什麼方向，沒有什麼目的，你的動總像是只在去發洩著你的一股過人的精力。你精力旺盛，你眞像是匹不羈的野馬。你有天賦的奇異的特質，只不過你卻失掉了生活的常軌。你像是陶淵明述酒詩中所云：「終日馳車走，不知所問津。」但你全不是淵明的襟懷，也全沒有體認著一些古人的情趣。你對人世，這時候你還不會有無可奈何之感，你對人世，這時候你還談不上有栖栖惶惶之情，你有矇矓，而無醉眼，你本是站在這一時代的前端，你是應當清明的。在這裏，你只要恢復著生活的常軌，便一切有了端倪。你的家庭，沒有清理，你家裏的東西，亂七八糟，沒人收拾，你家裏的孩子也亂七八糟，沒人管教，照理這不是你的責任，但你的太太這時候有了病，你也只好原諒。她原是十分賢慧的，因此我則更只有責你，而不便責一位女人。

記得有一次我在你家裏時談到你的家事，她在你的面前對我說她辛辛苦苦在中央大學畢了業，到頭來，蹲在家裏，一無所事，說到處理家務，不如一位下女，是比她好一點。我聽了以後，默然無語，而你亦未發一言。其實我默然，只是由於我因此想起了一些女子教育上的最根本的問題，以至國家民族上的最爲根本的問題。而你的無言，則只是表明著你的敦厚和你的一切不在乎。你有你的一大本領，就是可以安於亂七八糟，當東西亂七八糟時，你甚至還可以加強亂七八糟，當孩子亂七八糟時，你甚至還要去領導亂七八糟。在這裏，你雖然學的是經濟，但你卻十分富於某一種文學的風味。本來「汝安則爲之」，我又何所用其囉唆呢？只不過當我一念及亡父亡姊一生的苦難，並終於亂離之際，長別你我時，我總覺得一個人生活的嚴整是必要的，一個人的家庭的嚴整也是必要的。於此，你們只要瞭解著家庭的常理，你們便會一下子有著無窮的後福。

你是學經濟的，可是現代經濟學上的原理原則，卻無助於你去把握著生活的常軌。你的太太是學文學的，可是中國文學上的溫柔敦厚，卻無助於你去理解著家庭的常理。

大家爭說著學以致用，結果竟然是經濟學和生活脫了節，文學和家庭不相關。既和生活脫了節，自然就和一個人的存在脫了節。既和家庭不相關，自然也就和一個人的生命不相關。這裏應驗著你的身上的事實是：一方面你欠缺著存在的資具，一方面你又欠缺著生命的潤澤。你日常嘻嘻哈哈地，你忽略了在嘻嘻哈哈裏所潛存著的危機。你在家毫無所謂的，你不知道在一切無所謂中所潛伏著的苦惱。

在這裏，我不願苛責你們，我也不能苛責你們。但若僅就你們夫婦兩人說，雖然你們在大學校裏都是優秀的、有才氣的而又用功的好學生，我也不能不痛感到今日大學裏法學院和文學院的教育，已走入歧途。照理文法學院是一國大學教育的骨幹，在歐美要入理工學院是比較容易的，但要進文法學院則要特殊的教養和特別的天資。常常是第一流的學生才能進入文法學院。一般說來，文法學院裏所形成的風氣，往往就是一個大學的學風，一個大學的學風，又往往就是一個國家的士風。士風造成政風，政風造成時風，一代的時風，鼓蕩著一切，所謂「江山代有人才出，各領風騷數百年」，這人才會總是文法學院裏的人才，這人才有關時風，這人才自更有有關國運，有關世運。

就以你這學經濟學的人來說，你不僅僅應當知道許許多多的經濟上的事實和理論，而更重要的是你還能由此「聞弦歌而知雅意」。你見到一頭牛，你要知道牛的血肉，你見到一塊水田，你要知道在水田裏不僅是種植了稻子，而且還種植了人類的一種異樣的精神，同時這精神在水田裏養育著，會是如何遠較稻子爲重要。從而你再來看一看曳引機，這在一個國家的現代化上會是什麼意義，而現代化在整個人類的歷史文化上，又會是什麼意義？凡此所述，眞能夠明瞭，並能夠澈悟，這便是所謂「聞弦歌而知雅意」。

目前學經濟學的人，都是一批粗人，馬克斯更是澈頭澈尾的粗人，他們哪裏知道什麼雅意？在這裏，我對你當然不能苛責，但我們以手足之誼，兄弟之義，我不能不對你有所期望。可憐你七八年來，所過的生活和所接觸的人事，都和你的生命不相關，都和你的存在不相涉。歲月如流，時代如虎，沒有生存的能力，便只好任歲月摧折了去，沒有存在的資具，便只好任時代吞喫了去。在這裏，歲月無情，時代無情，是很難怪的。至於學文學的人，自然更要深知雅意。只不過，目前甚至以前學文學的人都自以爲深知雅意，並自命雅人。他們所謂的雅和心目中的雅人雅意，那實在是另一回事。

本來在中國以前的文學，自不限於辭章，更不限於訓詁，可是目前大學裏的中文系，義理固早別開，而辭章亦復談不上，最多講一點訓詁之學。青年人對之不測高深，就只好驚服其博雅，其所謂雅，只是如此，其心目中的所謂雅人雅意，也只是如此，其實他們根本就沒有接觸著一點文學，更根本就沒有聞到一點弦歌，這如何能知雅意？大學四年一下子就過去了，試問讀中國文學系的人，有幾個人能夠自己知道他究竟讀了什麼？琤琤現在又在讀中國文學系，本來這時候，學絕道喪，大家都不願讀中國書，而她獨願學中國文學，這實在是難得而可喜的一件事情。但在中國文學系裏如果依然像以往大陸一樣，大家還是不知道如何去讀中國書，如何去做著中國的學問，以便接觸到我們一己的心性，發掘著我們固有的義理，從而銜接上我們時代的知識，以作成一己存在的資具，則畢業之後，就連做個國文教師還不一定能夠做得好，留在家裏，更只有長吁短嘆。我以此為琤琤擔心，也以此，而深知你的太太在家中的苦惱。

一代的時教，固陶鑄了一代的青年，只不可一代的錯誤，竟作成了一代的時教。到今天，因為青年人沒有了存在的資具，所以連一個國家也似乎沒有了存在的資具。青年人不知道讀書，不知道做學問，國家便不容易找到讀書的種子和學問的來源。國無學問，便是國無仁賢，「國無仁賢，其國空虛」，空虛就是沒有存在的資具，沒有存在的資具，就是沒有生存的能力。於此談生存的意義，談生存的價值，都是大大的落了空，擱了淺。於此談雅，談雅意，談「聞弦歌而知雅意」，那只是不知天高地厚和不知趣。

一個人總要讀點書，總要做點學問，但在這裏，我不能泛泛的說，因要是泛泛的說，你們也並沒有離開書本，但你們終於不能說是在做學問，而且一般所說的做學問和我們以前所說的做學問，意義也有所不同。至於我在此所說的做學問，則包括了現代的和我們古代的兩種意義，這一方面是知識的積累，這一方面又是智慧上的開啓。目前生而為人，就是一個存在，存在離不開事業，事業離不開學問，而學問則離不開眞實的生命。眞實的學問是存在的資具，而眞實的生命則是眞正的存在。照你們現在的情形這樣下去，你們將會接觸不到一種眞實的生命，因之你們也將不會有一種眞正的存在。你們現在會感到空虛，這是難怪的，因此你們的所謂「不在乎」，也怕不過是空虛裏的無可奈何之感，和不能自已之情。在這裏你們就是享盡了蓋世的榮華，你們終將是歸於枯槁。你們現在叫窮，但是金錢決解決不了你們的問題，你們需要醒悟，你們需要醒悟後的家庭的條理和醒悟後的生活的常軌。

我想來想去，你們還是學問要緊，你們雖然一個是我國著名的大學經濟系的高足，一個是我國有名的大學裏的中文系高材畢業生，但你們終於一個對經濟學是一知半解，一個對文學是逐漸離開。我說出這樣的話來，並不是對你們看不起，也不是否定你們的天資和努力，你們都有很高的天資，你們也並不是全不努力，但你們未能完成你們自己，這是事實，你們只是想著會有一種幸運的憑空來到，而沒有想到一己究竟是有了一種怎樣的存在的資具，這也會是一種事實。你們有的時候，實在是像得過且過，你們有的時候，實在是像遇事茫然。你們未能對一些經濟的事實細細體認，也未能對一些生活的情調詳加領略，這便只有使你們在經濟學上歸於一知半解，在文學上終於逐漸遠離。我現在對你們談學問，就是從這些地方談起的，我不願也不能泛泛地對你們談學問，說讀書。

我想起了亡父亡姊，我又想起了某兄逝世後的兩個兄弟，因此我更加想起了你和你們夫婦以及你們的三個孩子，你必須要設法完成你自己，你再不可悠悠度日。要知一個人的完成是一個人的事，也是大大地有關於家國天下的事。在這裏我所能幫助你的，我想來想去，只有拿出我最近獲得的中華基金裏的三百美金研究費來，作爲你出國進修的一些川資。至於你的太太，假如她仍是說著「大學畢業，蹲在家裏，處理家務，不如下女」，而不承認著是一種觀念上的不甚正確，那麼就在你出國進修之後，在一個中學作一個好好的國文教師，一面增進自己的學識，慢慢的也讓一己有點存在的資具，從而也把一己完成起來，這也是很好的。關於你的三個孩子，大孩子振振有一股奇氣，又有一股正氣，這是一位非同小可的好孩子，二小孩明合淳篤而明敏，也很不壞，小女兒是天眞好玩，萬一他們的母親不願帶在身邊，你都送到我這裏來，讓你的嫂嫂去看顧著罷。

說到出國進修，我希望你能夠毅然決然打破一些流俗觀念。在我和你的嫂嫂留住國外留駐歐陸時，我們已深知我國留學生風氣之壞，而且這一壞風氣，確已動搖了我們的國本，腐蝕了我們的國基。今日之禍，非一朝一夕之故，所從來甚遠。但留學政策之非，與夫留學生之不成體統，則清末民初以來所種下之禍根，自我看來，恐百年而不易盡斬。今日以言出國進修，若不能出以哀情，帶著一種去父母之邦而遲遲其行的沉重之意，則在國外三年五載，便必然會是滿身罪戾以歸，而不自覺。

你現在出國進修，乘此把你七、八年來一些積重難返的生活習慣改變一些方式是可以的，再乘此把你七、八年來一些不自覺的龐雜意識澄清一下，並就此徹頭徹尾反省一番，把國外繁華的都市看成一個深山，一個林野，像古人留胡似的，又像入山修行似的，那也是可以的。同時，七、八年來家庭生活的不善安排把你糾纏著，成了一種累擾，以致你一家大小，都未能獲得一種生活上應有的澤潤，你苦了，你的太太也苦了，你的三個孩子也都是苦苦的了。你若能出國，走遠一點，則彼此間的糾纏一解，大家都會輕鬆一下，讓你的太太去教書，換一換空氣，讓你再做學生換一換空氣，如果可以，如果願意，更讓你們的孩子們大部分到我們這裏來，換一換空氣，三數年之後，一家大小再重聚，開始過一過眞正的家庭生活，這自然也是改換你們的人生的要著。所有這些，都是對你個人和對你家庭的特殊意義，但我爲了你的前程，爲了你家的幸福，十分重視著這一些特殊的意義。

只不過父親的一生，你是知道的；大姊的一生，充滿著辛酸的淚，其苦痛會到了什麼樣的程度，你怕不知道。就是我也知道得沒有母親那麼清楚。我只知道母親最知道大姊的一生，母親以近八十歲的高齡，眼見到父親云亡，大姊逝世，身居大陸，而一心安然。自我們看來，母親已經是辛苦極了，但大姊更苦。大姊的存在，那眞是一個辛酸的存在。母親憑了她的決心和信心，竟克服了無限的辛酸，因此自我看來，母親的存在，眞是一個奇異的存在。就如此我不能不希望你帶著一些特殊的意義出國進修，我希望你念著父親的一生，並緊緊念著大姐的辛酸的存在和牢牢記著母親的奇異的存在。這對你的意義，不僅特殊，而且重大。

附帶我對你的希望是你出國進修，最好是由普通經濟的學習轉入農業經濟的領域，這對你的性情，資質和根底，都是很適合的，這可以讓你走上一條可以長此走去的路。你只要把這一條路一直走下去，到一旦走通時，對你個人是好的，對我們的國家同樣是好的。

我對你所要說的話，總是想盡情一說，但總是越說越多，越說越說不盡。有些話我知道我是用不著說的，有些話我知道說了也是沒有用的。你不是常人，你有聰明，你也有智慧，你更有性情。從你那裏看我，我知道你也許會以爲我須得如何如何，才可以更和目前這樣一個世界相應，同時我還知道你甚至會以什麼什麼的所謂「時代的尺度」來衡量著我。兄弟之間，就這樣彼此關懷著。這存在，實在是一種關切的存在，讓世人都存在在關切裏，這是一大眞實。就我們兄弟目前的心境說，我們都是眞實的。但眞實的性情，必須濟以眞實的學問，這方能讓眞實的生命與眞實的性情，成爲一種「眞實的存在」的一體兩面而永垂不朽。這裏有無窮無盡的境界，這裏要細心領略。必須眞領略到一種無限和永恒，你才能心安而理得。我知道你目前實在不必眞能領略，因此從你們那裏看我這樣一位長兄，也許會總覺得有些不甚能夠融洽。不然你在我這裏過來過去，就不致於有時竟不來一看兄嫂了。

同樣，我在這裏，當然也十分有著欠缺，譬如我上次於環島一週時，本也可以在高雄下車看你們。但因爲一轉念之間，覺得你們那裏的亂七八糟，甚至連坐的地都不很能夠有，於是便無由斷然下車。這一個潛在的意識，我也不知道是起於何時，但這是由於多年來所逐漸形成，則是沒有疑義的。我知道我這樣一個轉念是不好的，於是任務在身，責任在身，不便擔擱，怕誤事情等等理由便湧上來了。在這裏，你也可以從另一個角度，看出我多年來對你內心的矛盾，和多年來對你內心的苦楚。要知我不願看你們家中亂七八糟，那是由於我不忍看你們家中亂七八糟，我不忍看你們家中亂七八糟，是由於我幾乎無時不念著高堂的老父老母，而老父老母也總是不很以你們家中亂七八糟爲然的。老父老母遠在匪窟，老父已逝世，大姊又逝世，我照理應該上體老母之意，直斥你們家中的亂七八糟，但我又深念兄弟之間過於責善，是會有傷兄弟手足之情的，同時，我的性格，你也是清楚的，我見了不過意的事，總想說。而當不忍說，不願說而默默無言時，我又會是如何的痛苦啊？我環島一週，而不在高雄一憇，這其間的情緒上的曲折繁複，眞是一言難盡。

目前有些人是時代的驕子，有些人是時代的羔羊，而你兩者都不是，並都談不上。目前有些人是在狂潮之中，有些人是在狂潮之上，有些人是在狂潮之下，有些人是在狂潮之外，更有些人是在狂潮之側，而你既不在中，又不在上，也不在下，更不在外，復不在側。

對目前的時代而言，你會是怎樣一個典型呢？

對空前的狂潮來說，你會是站在哪裏呢？

這兩個問題，你都不能爲你自己確切地提出答案。而要我來爲你代答，一方面你會不舒服，另一方面我也會不應該。我不對你說是所謂「隱」，照理兄弟之間，不應該有隱情。我對你說，是所謂「察」，照理兄弟之間，也不應該察察。在這裏，我究竟應該怎樣呢？在這裏，做一個兄長之難，你也應該想一想，而且不想也是可知的。

我以長兄的地位所能對你置答的會只是：

對目前的時代而言，你可以悠來悠去。

但對空前的狂潮來說，你卻斷不可頭出頭沒！

一個人會是時代的什麼？這完全不關重要，但當一個人一碰到空前未有的狂潮打來時，不論在哪裏，你總該有以自立，你總該站得住，易言之，你總該有存在的資具，你不該隨波逐浪，你不該被淹沒，你不該不存在。這存在是一個眞實的存在。這一個眞實的存在，是一個眞實的生命，這一個眞實的生命，是關聯著一個眞實的性情，因之便自關聯著一個眞實的學問。在這裏，你應該領悟著學問之道，你應當把握著爲學之方。我們常常說著讀書，說著做學問，究竟讀書是什麼意思？做學問是什麼意義？你應該確切的知道，這裏不能含糊，這裏不能疏忽。遠方的人兒，異方的事體，對這些會不一定有何裨補，但他山之石，可以攻錯，你在外面細心體會了以後，歸而求之，自有餘師。

在大學文學系畢了業，並不算接觸了文學，必須眞正接觸了眞實的生命，眞實的性情，了悟著眞實的存在，這才算接觸了文學。同樣，像你雖是大學經濟學士，又做了七、八年的教官，又有了一些著作，但也依然沒有接觸到經濟，必須眞正接觸到眞實的生命，眞實的性情，確切知道了什麼叫做眞實的存在，這才算接觸到了經濟。目前你的著作，恕我直說，實在不能算是著作，著作哪裏可以輕易談，隨便說！要知道眞實的著作，乃是眞實的生命，眞實的性情，眞實的學問。那即是一個眞實的存在的結集。目前你連存在的資具都很欠缺，所以你務須努力，必須奮發，決不可悠悠度日。我以兄弟之誼，對你十分擔心著的事體，這是第一件。我寫了這麼多的話，爲的只是這一件，這是應當記取的。

你現在只要先取得國外的入學證，此外保證金等，據桂先生說都是沒有問題的，你可以多發封信，多向幾個大學去請求，他們的回信大都是很快的。

高堂老母平生的決心和信心，這對你在任何地方都是有用的，現時代，只有這決心和信心，才能免掉一種存在的絕對的空虛，從而帶回一些「經常的存在」的事物。舉凡一個人的生活的常軌，一個家庭的夫婦的常理，以至一個人類社會的常情和一個國家民族的常道，這都是一個經常的存在。不幸的是，現時代係屬於一個非常的時代，這所謂非常的時代，其實是一個反常的時代，亦即是變反的時代，因之目前的世局是一個變局，是一個反局，也是一個亂局。於此撥亂反正，必須一種決心，安常處變，必須一種信心。關於母親的決心，你只要看自外婆逝世後，她就決意吃長素，以報母恩，至今四十餘年如一日，這決不是沒有決心的人所能辦到。關於母親的信心，你只要看在第一次三板橋陷匪時，她竟在匪區裏以生命庇護著趙家叔母的安全，又在日寇來家鄉時，她是如何的毫不畏縮，而信其一己之有神祐。還有一次她從高樓跌下，暈倒過去，其脊骨竟壓斷了一條木凳，醒來以後，她堅信她只接見了神，並沒有跌，果然她的嚴重的傷勢，頓然消除，及至醫生來到，她行走自如，凡此都只是她的整個信心作主。而她已近八十高齡，可是她一生的生活的艱辛，和所經歷的苦難，因爲你比較小，所以你也許還不十分清楚，但我是清楚的。我以此而深深體驗著一種個人生活上的，以至家國天下的簡單化的原理，並深深感覺到一個人對一己的享受，能夠馬虎一點，會總是好的。你每每勸我要把生活改善，這見出了你的友愛的天性的深厚，但你卻未能確切體認著我的一種深憂，一種深思和一種深感。

目前世界僅把無止盡的繁華和繁複當作進步，這再看看一顆氫彈從高空投擲下來以後所向上冒起的奇異的雲層，你是怎麼樣也會有一種深憂。經常的存在的事物，在那裏卻已是搖搖欲墜。永恒的信念和無限的決意，要重新找一個生根處，卻已是千難萬難。

由此一個至極的簡單化的存在，會就是一個至高的存在，這裏便有了我的一種深思。在希臘神話裏，母親是大地，大地是母親，在我們也有乾父坤母之說，由此母親與大地，大地與農村，農村與農業，農業與農民，這一連串的存在會都是一種簡單化的存在，但時至今日，這一連串的簡單化的存在，都一起成了一連串的苦難的存在，於此你如何能沒有深感？

《諸葛武侯誡甥書》中說：

「夫志當存高遠，慕先賢，使庶幾之志，揭然有所存，惻然有所感……」

我現在這樣痛切地對你說著一些有關存在的事，我是十分希望你能夠惻然有所感。如果眞能所感惻然，則生活的常軌，家庭的常理，人類的常情，和國家民族以至天地間的常道，便會一齊顯出。你總須得明瞭一個人究竟應當是一種怎樣的存在？由此而有你一己的志趣，由此而有你一己的志願，以你的聰明，你的智慧和你的天性來說，你實在是有志的。但有志便應有猷，有猷便應有爲，有爲便應有守，有守便應有生存的能力和存在的資具。去罷，你就記取一些兄長之言，去到遠方，去到異域，而且嘻嘻哈哈地去罷。我的話是過於沉重，所以我還是希望你能嘻嘻哈哈。總之，你是有志的，在這裏我對你十分有信心，但也希望你多少能夠有一點決心。這不是難事，這只要念一念高堂的老母，遠在對岸，就可以沒有什麼困難的。

祝

你們夫婦及三個孩子都好！

7. 有關知識智慧與性情

女兒：

五五來信及你給你媽媽的信，都已收閱。士林沈小姐也把你給她的信並二百元收據交給我看了，那二百元並未弄錯。後來我所以又托胡先生的女公子給你二百元，是擔心沈小姐那裏不一定可以有錢給你，而我又怕你急著用的緣故。現在沈小姐居然能在艱困中，給我寄你二百元，這是可感的。我自然會爲你籌還給她。

目前你有此兩筆款，不知能用兩個月否？沈小姐是我的學生，她的丈夫在士林專管蘭花，她寫信要你去那裏，也是想你去看蘭花。她在臺中時，特來我辦公室說她要去臺北，問我有什事要她辦理，她對我異常尊敬而誠懇。我回答她說：我是沒有什麼事，目前的事，只是我的女兒的事。我僅僅這樣一說，她就通通明白了。她說了一聲好，就去臺北，我也想不到她會寄錢給你用。在這裏，我要你體會著一些人世間應有的人情味。

這不能粗心，一粗心就走失了。這不能大意，一大意就迷茫了。

你從來沒有離開著家庭，不是在祖父母身旁，就是在父母身邊。你去年進臺大，這是你第一次遠離了家人，但你目前也還不能算是走入社會。學校是在家庭與社會之間，這可以說是一個人生的黃金時期，但也可能一變而成爲一個所謂「黃銅時代」。我從事教育，我深知學校，學校讓人從四方八面來，又讓人向四面八方去，在那裏人往人來，人來人往。目前大家似乎只是在那裏應付考試，因之，學校也就無形中只是作成了一個考場。關於學校的考場的事，我在這裏用不著說，我現在只想乘機說一說所謂人生的考場的事。在學校的考場裏，有著定期以至不定期的考試，可是在人生的考場裏，卻不是考試而是磨練。那不只是對問題的解答，去訴諸於知識；那實在是對人情的體會，須訴諸於智慧。所謂人情的體會，自然不是一般所說的要知道什麼「人情世故」。相反的，我在幾十年辦教育的經驗裏，已深深領悟到一個青年，只要一知人情世故，便一切都完了，我自然不會重陷自己的子女於一種世俗的深淵裏！

我現在所說的人情的體會，就是要你體會著一些人世間應有的人情味。要你在這裏不要粗心，而要磨練出絕大的智慧！要你在這裏不要大意，而要涵養出深厚的性情！在這裏，已觸及了文學的根本，也透入了藝術的底層。你現時進中國文學系，照目前大學教育的情形看來，你不可能學到什麼，就是再讀十年八年，你也不可能學到什麼。這並不是由於先生不好，其實你的先生都很好。這也不是由於聰明不行，其實你的聰明也很行。先生只能是「繡出鴛鴦從君看，不把金針度與人」。聰明也只能是「昨夜窗前看明月，曉來不是日頭紅」。凡是讀文學藝術的人，先生和聰明都是可靠而又是不可靠的。我說這樣的話時，我想你目前是不能領會的。而你所以不能領會，是由於你不願領會。同時你所以會不願領會，則又是由於你自以為領會得太多了，知道得太多了，或瞭解得太多了。這不僅你一人是如此，凡是世界上聰明的孩子，都會是如此的。你在你的兄弟姊妹中，你是特別聰明的，但你也是我所特別擔心著的，這正由於你的聰明！告訴你，對於我，聰明已成了「擔心」的別名了。

在這裏，一個人須由聰明裏轉成絕大的智慧，再由智慧裏轉出深厚的性情，這才是一個人的應有的成就。人生的考場，絕不是什麼所謂「時代的考驗」，那與時代完全無關。那用以前的話來說，那只是「心遊邃古，一念萬年」的事，時代在這裏，相反的，只是成了一個絆腳石。我說這樣的話，我想你又會愈來愈不明白，而你所以會愈來愈不明白，又都是由於你愈來愈感覺到自己學習了不少的東西和知道了不少的東西的緣故。你自以為你大了，你自以為你成長了，可是你要知道：在人生的考場裏，年齡的大小沒有關係，學問的多少也是會沒有關係的。

天大的知識，不透過一種性情，便不能成爲智慧。同時性情不透過一種智慧，便只能是任情任性。你目前，我不能說你沒有知識，因爲誰也不能說大學生沒有知識。我也不能說你沒有智慧，因爲既已成了一個大學生，就不能說是沒有智慧。我更不能說你沒有深厚的性情，因爲你儘管和你的兄弟合不來，甚至和我說話，也是我一句，你一句，絕不肯相讓，但在你的內心裏，你對兄弟仍是十分友愛的，而對我的幾十年的辛勤勞苦，你更是深切瞭解，無一刻忘懷的。只不過話雖如此，我仍不能不說你有所欠缺。這所謂「欠缺」，用籠統的字句來說，就是你到如今還不免多多少少地任情任性，而用更確當、更有意味和更有啓發性的話來說，就是你目前的性情，還未能透過一種智慧，從而讓你現有的智慧不可靠，讓你現有的智識，更不可靠。這使你走到人生的考場裏，一不小心，便只有落第，只有不及格。而當你一旦眞的在人生的考場裏不及格以至落第時，你便將呼天不應，呼地不靈，呼父母更是無用。你以你的知識，以你的智慧和你的性情，你自然是不會不深切感覺到這樣的問題，是如何的嚴重。同時我年來爲了這樣的問題，是如何的擔心，如何的悲苦和如何的想說又想不說，想不說又終於要說。

我剛寫到這裏，曾擱下筆，過了一天又繼續寫著，這是因爲我家隔壁失了火。這所謂隔壁並不是眞的隔壁而是隔了幾家。但在烟火沖天之下，火光就好像在隔壁，馬上要燒到我來，大家搬東西搬得亂紛紛。

雍雍幫人家搬東西，三毛跑去叫消防隊，憲憲也到外面助人策劃著搬東西，明瑤在學校補習沒有回家，你的母親幫人看守東西。最小的弟弟毛細則催我搬自己家裏的東西，只幾歲的孩子也慌張得不得了，而他的附近的一些小朋友更是只知道哭。我眞不知道你如果在家裏，會有怎樣的反應。而我在此時，則確實首先安定了自己的心。我知道在這裏會有人事，也會有天命，同時有天命，更會有人事，我盡了我的心，盡了我的力，更作了我個人的判斷。於是我撫慰著毛細，要他不要著急，也去幫忙人家看守著東西，他這時非常聽話了。

被燒毀了的人家，是一位空軍人員的家，和一位賣柴炭做新屋的本地人的家，還有一家也是本地人的家。你們現在的張訓導長以前住的房子，和賣柴炭的人家只隔一道磚墻，就好得那一道磚墻，把火隔住了沒有燒掉。他那房子裏現在住了一對夫婦，都外出未歸，房門正鎖上了。假如房子不幸沒有那一道磚墻，則當那一對夫婦的家全部燒毀時，那一對夫婦也許還正在電影院看現正在演著的法國片娜娜，看到馬房焚燒，說不定還要大加欣賞。不幸的一位空軍人員的家，有六位很小的孩子，太太竭盡全力救出了所有的孩子，還搶出了一個皮箱，裏面好得還有些冬季的衣服。她的丈夫一早出去辦公，傍晚拿著一個皮包回家時，他方知他沒有了家。在這裏，你還能夠想起在日本人打到我們的故鄉時，我家裏被燒毀的情形嗎？那時候，你的祖父母是如何表情？你的母親又是如何的哀苦？假如你能夠想起來，還能夠寫出來，那你就必然是一位當今最偉大的女作家。一般說來，這需要天才，但照我的意思，如眞有絕大的智慧和深厚的性情，就必然會文思如潮湧，不怕不會頓成一位天才的文學家或藝術家了。

一個人要怎樣測驗他或她一己的智慧和一己的性情呢？像在眼前的這一場大火的天災人禍裏，毛細分明是表現了他的一種智慧和一個性格，三毛也表現了他的一種智慧和一個性格，同樣雍雍和憲憲當然也表現他們的智慧和性格。即使是明瑤這位小妹妹，當她由學校回到家裏時，她第一句對我說著的話，是她的一位同學的書包燒掉了，而她的這位同學，就是那位空軍太太的孩子。這自然也充分表現著說出那樣的一句話的孩子，是具備著如何的一種智慧和如何的一種性格？這對他們或她們而言，都只是所謂初次踏入了一種人生的考場。只不過就在這初次的人生的考場裏，其考試的成績也就不難評定了。很顯然的，你的三個弟弟是不患沒有智慧的，而雍雍和明瑤則不會沒有性情，在這裏三毛和老大於人生的智慧和性情上的差異尤甚。照理知識通過了性情，才成智慧，但三毛的智慧還須再去通過著性情，才能有其更大的躍進。至於老大，則只是本質，其所表現的性情，全是本質的顯示。因之，他一方面渾厚，一方面又糊塗。而且有時還會渾厚得像是一無所用，更糊塗得像是神經失常，我爲了他，半年來眞不知白了多少頭髮。我的頭髮，眞正說來，也可以說是開始於他去嘉義轉學以後。他的性情沒有關聯著知識，所以更談不上是透過了一種智慧。但在這裏，我也並不是說他沒有智慧，相反的，他還可能有很高的智慧，只不過他的智慧自智慧，他的性情自性情，他的性情沒有關聯著智慧，因之他的智慧自然更難說是已經再通過了一番性情。你和三毛都使我擔心，而他則時時使我苦惱。我有時對著他，只好對著我們歷代的祖宗上香頂禮，以求助於祖宗之靈，好讓他獲得一種開啓，其實他只要獲得了一種開啓，他便會一通百通的。他未來的成就會在一切人之上，但也可能是平平的。

在知識，智慧和性情三方面，你們之間，我看還會是憲憲和毛細配合得更恰當，毛細雖只幾歲，但我對他的前途，現在就可以大大的放心。明瑤則可能使我更擔心，只不過她現在究竟還小，我擔心得過早，也是不應該的。這一次，你可惜不在家，否則在這場大火的天災人禍裏，我也要在眞正的人生的考場裏，給你來一個測定。現在我且問你：萬一我家也全部燒毀了，甚至全家大小都像不復能在人世，則當你由臺北很快樂地回來，但只能看到家中一堆瓦礫時，你會怎樣？我這幾年來埋頭寫作，已有三百餘萬字，稿子都放在一個木箱裏，假如在這一次也是片紙無存而一併燒毀，則當你易地而處時，你又會怎樣？像目前隨便給你寫著這樣一封信，都不知道花了多少心血，就是你給我燒毀了，我也不甘心。更何況爲天下後世所寫的三百餘萬字的稿件呢？在以上所提出的兩個問題，你縱然能夠給我答覆著第一個問題，但對於第二個問題，你就必然會茫然不知所對了。這不能怪你，因爲像你這樣小小的年紀，是觸及不到那樣的問題的。所有人生的艱辛，人生的苦難，人生的淒涼，人生的悲寂，你都毫沒有經驗。同時，我也不希望你會有這樣的經驗，像現在這個時候，你只要活活潑潑地嘻嘻哈哈地，略帶一片眞誠，也就儘夠。而過多的眞誠，則反會說不定讓你被人騙走。

照我的預測，你們中間將來能夠眞正理解我上面所提的兩個問題者，怕還要等待毛細。你且想想：毛細的年紀是那樣小，他催我搬著家裏的東西，這不能表示他的自私。從他的圓圓的兩眼中，我知道他注視著火光沖天，他實在是有一種神秘感覺。就這一神秘之感而言，他分明是有一種絕大的智慧和一種深厚的性情潛在著，只是發不出來，於是他只好對我說著要搬家裏的東西。而當我撫慰著他的時候，他也就靜下來了。他這時候的一種沉靜，是你從來所沒有看見過的。他在大火的驚天動地中，一下子竟像是寂天寞地起來。你可能設想著：他是觸及了一些什麼呢？一個毛細的小小心靈，這時候實在會涵蓋著一切並孕育著一切。這樣的事，你要在若干年後，經過著無窮的思索，才會知道。

寒假時，我在你所買的《鄧肯自傳》裏寫上了幾句話，說那不是一部名著而只是一部奇書。目前看了會無所謂，十年之後，就會厭棄，二十年之後，就會悔恨。因此我要你把那本書好好保存三十年，以便在我的墓前燒毀。我現在可以告訴你：我是流了很多眼淚，才寫上這幾句話，因爲我勸你不要看那樣的書，你卻終於好奇地堅決要看那樣的書，而我也深深感覺到，徒然勸阻，也是枉然的。現在我要再告訴你：鄧肯這位天才的美女，實在是一位把知識、智慧和性情分立著的最好的典型，其因此而造成的一個人生的悲劇，便是人生的考場裏所剔除的一本美麗的廢卷。你不能說她沒有知識，你也不能說她沒有智慧，你更不能說她沒有性情。你讀了她的自傳，你會感動，任何人讀了她的自傳，也會感動，而我自己，當然也不能例外，這都是由於她的深厚的性情。她在船上獻身拯救著一位行將自殺的青年，並從此拯救了這一位青年的老母親，這實是見出了性情，你不能不說她也是性情中人。但你果眞由此感動，而生傾慕，則你就必會忽略著她的天生的一大欠缺，同時，你也就必然會和她一樣，在人生的考場裏，交上一本美麗的廢卷，不能及格而被錄取，那會是一定的。

知識、智慧與性情要相互關聯。知識、智慧與性情不能各自分立。必須知識、智慧與性情彼此確實通透了的時候，知識才不是茫無所歸，而是文理密察；智慧才不是小模小樣，而是聰明睿智，性情才不是任情任性，而是寬裕溫柔；從而發強剛毅，齋莊中正，這纔是一個人在人生的考場裏，所應該呈上的一本好卷子。以你的聰明和你的好學，在學校的考場是不怕不會通過的。但在人生的考場裏，你是否會受著一種知識、智慧與性情各自分立的大拖累，我總是為你擔心。我若不為你對此事擔心，那是我的責任未盡。但你若猶不知我為你對此事擔心，那也是你的稚氣未除。

眞正說來，我為這「知識、智慧與性情」分立一事，擔心著的當然也不僅僅是你。多少年來，我差不多對我所接觸過的所有青年都擔心著，我差不多對我所接觸著的整個時代都擔心著。而所謂擔心，也只是為了這樣的一件事。古時候人問雲門禪師云：「如何是一代時教？」雲門云：「對一說。」我現在對你，對所有青年，以至對整個時代，也只能扣緊這樣的一件事來述說。現時你不能不算是我第一位擔心著的孩子，所以我便不能不痛切地說著我生平第一次所想要說的言辭。你目前也許會聽不懂，這不能怪你，因為目前整個人世，整個人生已像是破裂著，整個時代更早已是破裂著，就因為是破裂著，所以差不多是所有的青年以至整個時代裏的人們，都不能或不願去理解著這知識、智慧與性情分立的緣由，自然也不能或不願去體會著這知識、智慧與性情分立的禍害。像爲鄧肯自傳譯本作著那樣的一篇不三不四的序言者，就是一個很好的例子。

這幾年來，我眞是感覺到自己在生性上的軟弱，和在本質上的無力，我對整個時代感到無辦法，我對很多青年感到無辦法，就是對著你，我眞是也會感覺到無辦法。上次游雲山女士由香港沙田來信時，我雖然和她未見一面，但我給她回信時，我就特別提到你的天才，你的性格，而要她對你作爲一個慈悲人，義務教授你的畫，並從而指點你進入人生的考場以後，所應採取的考試的門徑和考試的方法，使你能在文學與藝術裏，明瞭人生的大道，即由藝進乎道，而讓你能有所成就，並眞能有其一個人的完成。游女士送來一本大作名《泉聲》給我指正，我回信給她說我看了像是所謂「殿閣生微涼」。後來她又回信說是愧不敢當。其實她較之謝冰心是好多了，她的畫已聞名國際，在國際人士的心目中，她確已成了我國最有希望亦最有成就的女文學家和女畫家。她的長處是在把文學和繪畫打成一片，成爲文學的繪畫，這是可以承接上中國的傳統的。而她的爲人的好處，據我所體會，也就是很像已經能夠把知識、智慧與性情合起來。在此我所以猶不能以肯定的語氣來說，是因爲我還未見其人，我不能把人過譽，以阻人進取之心。我好容易爲你物色了這樣的一位女先生，我眞是像了了一件大心願。

你在文學上是有天才的，你在繪畫上也是有天資的，自你的性格來說，你也是最好去走著文學與繪畫合一的路。但走這樣一條路，總需要有其大準備，大磨練，才能有其大光明，大成就。游女士的繪畫與文學，也是經過了幾十年的準備和磨練的。你也許會少花一點時間，但你就更要摸清門路。於此一入門便不能讓知識、智慧與性情不相關，若要升堂入室，更須求知識、智慧與性情的合一，尤其是性情的溫柔敦厚，在升堂入室時最是一個大把柄。這必須有大準備和大磨練，這工夫是無窮的，你如肯從即日起願意花上無窮而不盡的工夫，你就不患沒有無限的光明的前途和絕好的成就了。你來信說「怕在名家面前獻醜」，這樣的一個觀念是不好的。游女士答應教你的畫，是和沈小姐給你寄一些錢，都屬於同一的好心願和好心腸。在這裏，我又要你細細體會著一些人世間所應有的人情味，不能粗心，也不能大意。游女士目前雖前往菲律賓並將轉往東南亞各國舉行畫展，但當她半年後返港時，你斷斷不可辜負她的一番盛意，一番好意。

目前你想找位師範大學藝術系的人學習一點繪畫，這當然也是好的。但我只和溥心畬先生在臺中見過幾面，還談不上什麼交情。他的畫也頗有一些文學的意味，但能否接上中國的眞正傳統，我是外行人，實不得而知。其他的藝術系的師生們，我更是不知道。牟先生現任師大教授，住處也離你那裏不遠，他也許可以給你介紹師大藝術系裏的人。他是我的知交，你應稱他是牟伯伯，你不妨給牟伯伯寫封信，你每星期日也可到他那裏吃飯，加點油，他是會極表歡迎的。他也大可給你指點著一切，你目前只要虛心，實不怕得不到一些指點。

鄧先生是我三十年的老朋友，我們在廣州，在南京，在杭州，在武漢，在南昌，在廬山，在巴黎都曾聚首。上次他因念舊，特在百忙中到我家裏看我，對你們每一個人都很關切。他因爲知道臺大的伙食不好，所以很想你有暇時到他家裏去，第一個用意是想你到他那裏吃飯，第二個用意是鄧太太乃光華大學藝術系畢業的，畫得不壞，有時又在溥心畬先生那裏學習著繪畫，而你正可和她談談畫。鄧先生要你去他家，也實在是好意。

我實實在在告訴你：凡是和我很要好的人，因爲對我很要好，從而對你們兄弟姊妹也有其好意的，這都是眞正的好意，純粹的好意，而沒有夾雜。反之，凡是你自己所認識而自以爲對你懷著好意，卻不一定是眞正的好意，純粹的好意，而沒有夾雜。你要不辜負人家的一番好意，你先須得清清楚楚明白著，辨別著什麼是好意，譬如那位每每在假期中自臺北跑來臺中，到我家坐在一個角落上看你的人，我就很不明白他的好意。當然我不明白他的好意，並不是就肯定著他不是一位好人。像這年青人，目前實在是一切都只能決之於他自己的一念。只不過這是實在的；他現在無論在性格上或在職業上，都是和你不相稱，這是實在的。最近我給他的父親的信也順便說了一說他似不如他的弟弟，但這正好去鼓舞他的長子奮發上進，建功立業，好去做一位未來的蓋世英豪。他的父母實在是兩大好人，而他也一定會有其很大的希望和遠大的前程。只不過一不奮發，二不上進，而只知道和一般的青年們一樣，甚至和一般的海外的水手們一樣，去尋找著快活，尋找著愛情，或是尋找著什麼，這當然會自己辜負著自己，並妨害著他人。現在是什麼時候，就他現時所學的和所志願要做的事情而言，他怎麼能夠不一心想著未來，兩眼看著前面呢？我總以爲一個人要志氣第一，要所謂「氣志如神」，對著目前行將要到來的亙古未有的全世界的浩劫，總要有如昔人所說的「惻然有所感，揭然有所存」。你縱然不能「慕先賢」，你也總應該要「存高遠」，而不能安於平平，不可安於流俗，更不應自甘落入於一種不能自拔的田地裏。

一切總要取法乎上。要作人就要做第一流的人，要交朋友也要交第一流的朋友，同樣，要學文學，就要學第一流的文學，要繪畫也要繪第一流的畫。什麼是第一流的畫，將來游女士會告訴你，而什麼是第一流的文學，在這裏，我可以約略向你一提。也許你的先生們會不以爲然，但是我卻確信我的所說，會沒有錯，因爲我在文學上，實在是過來人，我體會得很多，即以文學上的天資而論，目前也不會有很多人高過我，更何況我在文學上，又曾歷盡了千辛萬苦？而且我的遭遇，幾十年來，皆是很富於一種文學性的遭遇，我在文學上是不會隨便說話的。就我接觸的法國文學而言，以前我國一些名人只顧給青年們介紹一些巴爾扎克、左拉甚至大仲馬、小仲馬的作品，這都不是取法乎上，這都是無聊的。法國文學上的靈魂，甚至整個法國的靈魂都是寄托在囂俄身上。至於在國際上出風頭的法國現代文人如羅曼羅蘭等，這都是不成器的東西。說到英國，還是只有沙士比亞；說到德國，自然是哥德；說到意大利，自然是坦丁；說到西班牙，那是賽凡的士；說到波蘭，那是顯克微支；至於俄國，大多數的文人和青年，都愛看上了一些柴霍夫，屠格涅夫，以至高爾基，甚至高爾基以下的人們的作品，他們竟像忘了普希金和托爾斯泰，眞是萬分可惜而又可惱。還有美國，以前竟大有人給我國介紹一些辛克萊等人的作品，他們竟不能欣賞著惠曼特，更不願或不知道理會著梭羅。

青年盲目，時代盲目，一批文士們更是盲目。他們的盲目，不僅是對著我們以外的國家盲目，而且就連對著自己的祖宗的國土，也萬分盲目。民國以來的文學，會有大批的人推崇著魯迅，民國以前的文學，更會有大批人推崇著韓退之和蘇東坡等。而明朝的公安派還十分被以前論語派一輩人士去推崇著，介紹著並宣揚著。他們不知道韓蘇的詩文中的一般浮氣，和袁中郎等人的所謂性靈，只是成功了一種輕巧。就我看來，在中國，要談文就不能忘了司馬遷，要談詩就不能忘了陶淵明和杜甫，要談詞曲就不能忘了李後主與關漢卿，要談小說，就不能忘了施耐庵。這原本是中國文學上的常識，但儘有一些人偏偏不肯承認著這是常識，而要別出主張。同時在中國要談文學，義理實在是骨髓。因之，經就是中國文學的依據，而史就是中國文學的支撐。目前我國大學裏的中國文學系竟像是義理談不上，詞章也談不上，稍稍談得上的是一點訓詁，一點考據，但這和眞正的文學，實在離得太遠。在這裏，你聽了我這樣的話，你也大可不必失望，你要知道這只是一種時風，照我看來，這一時下的風氣，是會馬上過去的，因爲我想就是你的先生們自己，也不會樂意這時下的風氣。同時，最要緊的還是靠自己，靠自己的知識，靠自己的智慧，靠自己的性情，更靠自己的知識、智慧與性情相聯並相互透通，合而爲一。

你來信說你不喜歡去別人家，這也是好的。你不願去鄧先生家也好，你就是不去二姨家也好，但外婆那裏你卻不應該老是不去。第一，外婆已六十多歲了，第二，你去到外婆那裏，也總可像去到母親那裏一樣，你一人在外，就這樣你也可以多少獲得一點家庭溫暖。一個人當他或她老是在家裏時，會想外出，但當眞的一人在外時，也就必然會想著家。這便說明了家的實質，這也表白了人性的究竟。上星期五是你的生日，我們都想在家爲你慶祝，但因你不在家，就很想等你暑假回家時，爲你補行慶祝，吃一隻鴨子，再請你看一場電影，雖然僅僅是如此，也是儘可給大家一番回味的。不吃雞是因雞太貴，只看一場電影，那是由於你們同胞六人，人人如此，不好有一人例外。

還有你去外婆那裏，你還可請外婆帶你到淑老姑那裏去，她是目前自由中國很負盛名的女書畫家，她最善畫梅，她是你的長輩，照理你也應該去看看她，更何況她也大可指點你的詩文和書畫呢？她在性情方面，尤其是可法的。

另有一件事，望你爲我送七十元給你校圖書館倪先生，你只說是我給他的友人王君的十本書錢就夠了。

此信寫得太長，正不知你會看完否？我很希望你能看完並細細的看一下。祝你好！

臺中天氣連日甚好又及

8. 有關教育

XX先生：

我現在以一位學生的家長身分，寫這樣一封信，而當我立意要寫這樣一封信時，我又立意不將這封信寄出去，因爲我知道這封信，對一位很煩忙而又連一己也感到無可奈何、以至不知如何是好的當前教育人士，就是看了，也不會有什麼的。

我對我六個在學的孩子而言，我是家長。但我對我教過的無數學生而言，我又是一位教育人士。而今我們都是教育人士，其實我們也都是家長了。

家長不希望家裏有壞孩子，是正如一位教育者不希望學校裏有壞學生，只不過照目前的教育標準和教育風氣來說，有些家庭裏的壞孩子，竟有時會成爲一些學校裏的好學生，反之，有些學校裏所一時感覺著會是不好的學生，又實實在在是一些家庭裏的好孩子。這原因是：一個善良的家庭，總喜歡注意到孩子們的性情，而一個嚴格的學校，則常常是只注意到學生們的分數。這分數用來計算考試功課的成績是合適的，可是用來衡量著一個孩子的本性和眞情，就很難說了。

我的一位在貴校讀書的孩子，是我的長子。這孩子就連貴校所有的先生們也認爲是品行很好的孩子，他的天性極厚，他在家庭內是以長厚著稱的。他下面有兩個妹妹，三個弟弟，竟像個個都是英雄好漢：聰明，活潑，不示弱，逞強，功課不壞，會說話，而且愈是年紀小的，愈是不可一世。家裏有時鬧得嘈雜不堪，而他卻是靜悄悄。他的精神不佳，他的功課不好，因此他的妹妹進了大學，而他還是在高中，同時他的兩個弟弟也在高中就要趕上他了，他留了級，他因此而養成一種自卑感。我鼓勵他，他總是不說話。其實他並不是不聰明，也不是不振作。他向上之心極切，但他總似感覺到無可如何，他的鼻子有毛病，他常常頭昏。他在你的眼光中，他是壞學生，而在他自己的感覺上，也總以爲自己不行，自己實在是一個壞學生，他幾乎是感覺得無地自容。

終於他在我帶著一批大學裏學園藝的學生和教園藝的先生們去到高山調查園藝資源時，他就設法要求轉學他處了。他在轉學之前，還曾一度出走，害得他的母親手忙腳亂，惶恐萬分。但當他的母親報告警局時，他又自動地返回家。他反省，他明白出走是不對的，但他向他的母親堅決地要求著轉學，他的母親也就不能再等我由高山回來便允諾了。

他轉入一個很偏僻的外縣中學，離家很遠。在那學校裏，他不能住宿，他只能走學。他住在我的一位朋友家裏，每天要跑半小時的路，又要搭乘一小時半的火車，才到學校，中午在外面吃一頓飯，下午下了課，又如此回到我的朋友家。一天來回，要跑四小時，天未亮就要動身，天黑了很久，才回來。早晨沒有時間吃東西；夜了回來，也只好吃一點冷了的剩菜飯。就因爲這樣，他的身體更壞，而功課也就更難趕上了。他在那裏讀了兩個星期，他寫信給他的三弟，大意是說：

「我想了又想，想了千萬遍，總覺得此生是完了，只希望你們多多用功，以報答父母養育之恩和父母的辛苦。」

我從高山回來，看到他這樣的一封信，我起了不少的幻覺，我眞是大大擔心著會有什麼不幸的事情發生著。卻好不久他因爲學校旅行之便，路過家中。他一見了我，像要流淚，而我看他也實在是太消瘦得不成樣了。他的鼻病更沉重，他的頭更是昏沉沉，他的身體已像是支持不了了。像這些事是只有做父母的人才會留心，目前的學校在事實上是不易顧照的。

於是他遵照我的話，脫離了他學校裏的旅行團，在家休養了幾天。但在這幾天的觀察裏，我看他愈來愈不像從前一樣了。於是我又斷然要他休學不要再回到那個學校去。我告訴他說：「守身爲大。」

可是「守身爲大」的意義是什麼呢？我詳詳細細對我的孩子說了。同時我也想詳詳細細地對此間教育當局說，並對那間學校當局說，只不過在我還沒有說出以前，而此間教育當局反而因爲我要孩子休學，對人說我是「過於溺愛孩子」。同時那間學校當局也反而因爲我的孩子功課不好，又未能參加月考，對人說他是一個十分壞的學生。就這樣我們父子二人都被人交責了。

知子莫若父，同時我辦大學教育辦到現在也不會不知教育。當一個孩子到了那樣的一個地步，內心苦悶到極點，身體病痛又到了那樣，你還能再要他做些什麼呢？他本來要去當兵，但當他在學校報名從軍之際，又因爲身體不好被打落了。他出走過一次，但他終於自動自覺地回家。他轉學了，但他又不幸偏偏轉入了那樣的一間學校。於是他沉重地給他的弟弟寫著信，說是「一切完了」。這時候，一個青年人的痛苦的心，不能被教育者所覺察，而爲父母者復不去覺察著他的孩子的慘痛的心，這就實在難怪一些青年們要譴責人世，一些孩子們要厭棄人間了。到此，對孩子所能說的第一句話，只能是「守身爲大」，對青年所應說的第一句話，也只應是「守身爲大」。這是一個人的家裏的一大課題，這也是一個國家的教育上的一大課題。

我記得我以前在我所辦的一個專科學校裏，有時因事須得遠行，當遠行歸來時，他和他的弟妹們齊來迎接，那時他還在小學裏讀書，而我第六個孩子還沒有出生。大家爭著問我要東西，可是我卻一時忘了給他們買東西。於是老二說：爸爸買了一個屁！老四接著說：連一個屁也沒有買！而老五更說道：「連一粒瓜子也沒有買！」從而老三發問了：「爸爸爲什麼不買東西呢？」他回答說：「因爲沒有錢。」老三又問：「爲什麼沒有錢？」他又答：「因爲都爲我們用光了。」他慢慢給弟妹們解釋著，他平了他們的氣。在這裏，他實在是一小就見出了性情，也一小就見出了智慧。我們說知子莫若父；其實知道父的，也還是只有孩子們。同樣，需要教育，需要學校的是青年們，而需要青年們的也正是教育，正是學校。而且青年應該選擇教育，選擇學校，反之，在原理原則上，教育卻不應該選擇青年，學校卻不應該選擇青年。當父親能夠對孩子們說「守身爲大」時，孩子們也就會說著「事親爲先」。同樣，當一個學校一個教育者對青年們能夠說著「守身爲大」時，青年們也就會不知不覺中確實了解著「尊師重道」。

學校對學生親切，這是第一義，教育對青年親切起來，這也是第一義。

由此第一義，使我們聯想到的便是學校與家庭。在我們中國以前是師與父並稱，而在目前的世界，總也應該讓學校和家庭離開得不要太遠，因而總要讓學校多多少少地家庭化。

由此第一義，又使我們聯想到的便是教育與性情。在我們中國以前，教育之道，實在是一個大學之道：「大學之道，在明明德，在親民，在止於至善」，這用最簡單而最直截又最平易的話來表達，便是在「性情」。大學之道，在我國以後發展成了義理之學，成了理學，又發展成了心性之學，成了心學，成了道學。這使我們的大學之道，就是性情之教。這些性情之教，在我們中國以前，是我們的家教，也正是我們的國教。而在目前的世界，我們縱然不能把它發揚起來，縱然不能把它充實起來，我們至少也總不應該讓教育和性情離開得太遠，因而總要讓教育或多或少地加以性情化。

從學校總要多多少少地家庭化來說，校長就要相當於家長，教師們至少也要相當於兄長。要是能夠等於父兄，這是再好不過的。

從教育總要或多或少地加以性情化來說，教育者的第一個任務，就必然會是眞誠地從事著人性的了悟，因之，一個教育者的第一個條件，就必然會是他自己本身所自然而然地具備著的一種吸引力。這吸引力給青年們的影響是向心，不是離心，同時對國家社會的影響，也是向心，不是離心！

就這樣，一個學校要注意著學生的身體是必要的，一位教育者要領會著青年的內心，也是必要的。學校的任務是家庭的任務之擴大。教育者的工作是父兄的工作之延長。

說到這裏，我們不能不承認目前學校的風氣，和以上所說的是不相應的。而目前教育者所引以自任之重責，也和以上所說的，是不相應的。

其實，在這裏，不僅學校的風氣是變了，就是現時我們的家庭的風氣，也是和以前不同了。而教育者的任務，也只能是時代所課給的任務，他們無暇去分析時代，也無力去過問時代。他們只知教育要適合時代，趕上時代，因之他們的任務，就只能是要青年適合時代，趕上時代。可是時代究竟是什麼呢？當前的一些教育者似乎總是茫然的，否則，就只好是裝作不懂的，因爲這樣一來，對於他們是簡單得多了，是省事得多了。

大家想一想：當你們的孩子們會走第一步路時，你們是不是在誇獎著？當他們會說第一句話時，你們又是不是在誇獎著？從而當他們會走一個輕捷的步伐時，你們誇獎著；當他們會說一種聰明的詞句時，你們又在誇獎著。你們給他們買的玩具是汽車，是飛機，從而又是手鎗，是坦克。這一切給孩子們的鼓勵，只是競趨，只是調皮。這一切給孩子們的影響，只是機巧，只是爭奪。大家對孔融讓梨的美談是不談了，而連華盛頓砍櫻桃樹的故事，也不能領會其眞正的意義。大家對孩子們迫切的暗示，是暗示著他們走著另一條路。

教育者的任務，目前更迫切地促進青年學子們走著這另一條路。他們要用種種方法適合時代，趕上時代，結果自然是讓青年學生們加速走上了這另一條路。所謂分數，所謂功課，至所謂課外活動，似乎都只有一個目的。自入學考試，或轉學考試而月考，而期考，以至畢業升學，也似乎都是只爲了一個目的。這目的就是促進青年學生們走上這另一條路。

大家請想一想：這另一條路是什麼路？

我們以前的家庭所走的路，是性情的路，於是我們有了孝友以傳家，家有子弟。我們以前的學校，我們以前的教育，更是緊接著家庭，走的是性情的路，因之我們幾千年來，總是忠信以爲國，國有仁賢。

我們以前的家庭總是溫暖的。女人們是溫柔，男人們是敦厚，於是溫柔敦厚成了一個人的性情的別名，也成了一個家庭的特質。

再由此溫柔敦厚的擴大和延長，這更讓學校成了講壇，成了文壇，又成了杏壇。從而更使教育成了詩教，成了禮教，成了樂教。在以前六藝之教裏，禮樂是第一，射御是第二，書數竟成了末著。禮樂是關乎性情，射御是關乎身體，只書數才是有關乎才華。

目前大家的家庭，大家的學校，大家的教育所不知不覺地走著的另一條路，分明是那一書數的末著，亦即才華的路。而且所謂書，在目前還加了外國語，並特重著外國語。在南北朝時，鮮卑語是外國語；在目前，英語、德語、俄語、法語以至日本語、西班牙語，都無一不是外國語。青年學子們不是學這個，就是學那個。至於數，本來數字的訓練和數字的運用，也正如本國文字的訓練和本國文字的運用一樣，對一個人的生活以至對一個國家的生產和生存，都是極其重要的。只不過目前小學裏和中學裏的數學，完全是和個人的生活脫了節，也和國家的生產和生存脫了節，青年學子們學數學，那只不過是像學彈琵琶一樣，用得著的地方只是爲事公卿而升學：由小學升中學，由中學升大學，更由大學去留學。如果不升學，便是所學的一無所用。

從孩提時就不是性情作主，年青時又不是「守身爲大」，「事親爲先」，長成了，成年了，自不能「忠信以爲質」，「仁親以爲寶」，「和善以爲寶」。終於是結果所至，家無子弟，國無仁賢。而學來的書數，竟也只是以在外國能做個有名的作家，有名的學者，或是有名的工程師，爲最大的榮譽，甚至還自以爲這是儘足以誇耀於國人的。他們自以爲他們的才華有一日之長，他們全不知道這在性情之教裏，不是性情作主而是性分有虧，性情有損。

我的這一位孩子，那是我的長子，因爲身體影響了功課，又因爲功課，他在他原來的學校裏覺得無地自容，所以轉學。但當他轉到另一間學校裏，他又似乎不容於學校，因爲那學校的當局多多少少是認他爲壞學生，而通常的觀念也總以爲轉學的學生，會是被斥退的學生，同時，被斥退的學生，總是不好的、有過犯的學生。我根據我的種種理由，要他休學，而他在內心上又感覺到休學，竟像是一切「從此休矣」。事實上，長大了的孩子，不能無事老賴在家裏，也是眞的。我鼓勵他，我安慰他，他總是精神萎頓，神態惝恍，他的弟弟妹妹也覺得他留在家裏神思恍惚，有點不對，而且還於小吵小鬧時，說他是神經，罵他是瘋子。至於我，有時心情惡劣，也不免以爲他不長進，所以又不免責罵他。但他總是一聲不響，暗暗流淚。我知道他原本有千言萬語，藏在心頭，他是說不出來。其實他是沒有錯，我送他到這一個醫院，又送他到那一個醫院，照X光，檢驗，但每一個醫生都診斷道：他的身體還好，鼻子並沒有什麼毛病，這使我有時也認爲他只是懶，不願讀書，因此一讀書就覺得頭昏，就怪鼻子有毛病。但我轉而一想：以他的性情之厚，他必然不會把沒有的事說成有，同時，他確實是無時無刻不想用功，他眼看著弟弟妹妹們都相繼跑在他的前面，他也實在是急的不得了。他有時對人家說：學校不同情他，家裏的人也不同情他，他在感覺中竟像得不到任何同情。其實我在內心上是十分同情他的，只不過有時責罵，但一責罵之後，我又後悔了。

一般的批評是：我的這一位孩子是有性情，而無才華。但時代的要求是要求才華，而教育的要求又是適合時代，學校的要求乃是實施教育，因此更處處要求著才華。在這裏，我為了我的孩子的前途，為了我的孩子的幸運，至少為了我的孩子的生存，我在內心上也不會不感到矛盾，也不會不感到無可如何？我對我的這一位孩子所以又寵愛又生氣，眞正說來，也可以說是為了時代。

現在我們的學校路向，是根據我們的教育方針，我們的教育方針，是根據我們的時代風氣。於此如再追問一番：我們的時代風氣又是根據什麼呢？很明顯的，那是根據著他方，那是根據著外國，而說到外國，又不只是一個世界，同時，說到他方，那更是形形色色。我們說我們的學校，我們的教育，我們的時代已走上了另一條路，已走上了一條才華的路，其實，這比較起來，還是一條並不很壞並不很錯的路。我現在指斥它，那只是因為它忽略了性情，而不是性情之教，同時也忽略了身體，而不是「守身為大」。但才華的本身也形成了一個世界，那是繁華的世界，那也是「富有之謂大業」的世界。這世界，我們不能丟了它，我們就應該接納它，轉化它，從而利用厚生以正德，把六藝之教的末著翻上來，只要書數不違於禮樂，再連射御二者也把它放平來，讓性情、身體與才華都獲其平衡而諧和的發展；到性情因才華而更充實有光輝時，身體因才華而更儼然有氣象時，再讓才華屈居末著，這原也是好的。但若大家對目前的學校，無此遠圖時，對目前的教育，無此遠見時，對目前的時代，無此遠景時，那就必然會弊病叢生了。

共黨蘇俄集團，實在是乘此弊病叢生而起，他們乘目前學校之弊而起，他們乘目前教育之弊而起，他們乘目前時代之弊而起。他們因爲學校忽略性情，忽略身體，所以就索性改變功課。他們因爲教育忘了性情，忘了身體，所以就索性奴視才華。他們因爲時代不顧性情，不顧身體，所以就索性打掉所謂「富有之謂大業」。同時他們更因賤功課，賤才華，賤富有之故，一轉而更反性情，反個體。由性情之教一轉而爲奴才之教，由「守身爲大」，一轉而爲滿身是毒。大家在以前總以爲共黨蘇俄集團是乘自由經濟之弊而起，其實乘自由經濟之弊而起的是計劃經濟，但結果所至，計劃經濟的弊病更多。大家在以前總以爲共黨蘇俄集團是乘資本主義之弊而起，其實乘資本主義之弊而起的是社會主義，但結果所至，社會主義仍須得重寫。至於共產蘇俄集團的經理階級和官僚集團，則連眞正的計劃經濟和所謂社會主義，都一點也談不上，其經濟和政治上的弊病叢生，現更只能憑藉著鐵幕，加以遮掩。就因爲這樣，在目前的中國，在目前的自由世界，一提及我們以前的性情之教，那也是有其無可比擬的重大意義的。

請恕我因我自己的一位孩子，竟連帶說及了一個學校應有的一個大根本，一個教育應有的一個大方針，和一個時代應有的一個大反省。年來我爲了我的這一位孩子實在是過於操心，因而我便有了極大的內心的苦楚。如果一位學校當局，一位教育者或是一位把握著時代的核心的人，眞正能夠切實領會著一些爲父母的人，對他們的一些實在具備著本性和眞情的孩子們，竟也會有了極大的內心的苦楚的，那總會是青年之福，那總會是國家之幸，那總會是上蒼之意。

於此，我還得感謝上蒼。我爲了我的孩子，我終於找到了一位高明的醫生，這醫生是此間耳鼻喉科最有權威的醫生，他的名字叫作王老得。我因爲偶然的機緣，知道這位醫生。但在我還未決定請他看我的孩子的病時，我的這位孩子卻已先去到他那裏了。我的孩子回來告訴我，說王醫生診斷他的鼻子必然有毛病，須要動手術，我當即決定送這孩子去開刀。開刀之後，在鼻竇裏取出了一茶杯膿，又取出了一串肉粒子，開刀足足費了一小時半，有一條骨頭被截斷了。可是過了四天，他的傷口就好了。當王醫生把縫傷口的線抽出後，他也就出醫院了。看護小姐們都奇怪，因爲通常像他這樣的病，開了刀，總得住院數星期，沒有人像他那樣好得快。只得他出院後，自然還須得調養一些時候，才能恢復體力。這總算大幸了。

他的性情是好的，現在他的身體上的毛病又去除了，他自然還須得進學校，趕功課。他實在是一個好孩子，他須得一個好學校，他須得一個好教育。如其他再能配合一個好時代，他應該是有好前途，好命運和好的生存。凡是做父母的人，總須得如此想，也總只能如此想著。

他不好再回到那偏遠而需要每天來回跑四小時的學校裏去。於是我便另外爲他進行了一間學校。這在他被開刀時，我就進行了。當時我跑了無數次，終於間接獲得了那間學校註冊主任的允諾，又獲得了那間學校教務主任的允諾，還獲得了那間學校校長的允諾。我把這個消息寫信告訴我那在醫院開刀的孩子，並囑他安心醫病，他聽了也喜歡得很，這給他精神一大安慰，他的傷口能很快痊癒，也許於此有關。他對入學的事，心上異常急，我總是要他不要急，但空說是無濟的。

只不過這間學校當局的允諾，終於又是給了我那孩子一場空歡喜，等他由醫院回家不久之後，那間學校的當局，又因爲礙於規定，礙於法令，竟無法實踐著他們一己的諾言。這種學校當局的苦痛，我是瞭解的，我自然也是會原諒的。只不過我這孩子因其性情之厚又加以身體之虧，確實是不易受得起這樣一種變化的。在這時候，我覺得我唯一的責任是不能再讓他再有一度失望。我想起了一間學校裏的硬性規定，和一個教育的呆板法令，竟連一位青年有熱烈向學之心血，而無正當轉學之機會，我眞是只得暗暗爲我的孩子叫屈。其實我的孩子轉學的條件，樣樣都具備，那學校當局也是知道的，但忽然間一條臨時規定，又忽然間一條臨時法令，害得我的孩子無可如何，也害得那學校當局無可如何。在這裏，我又只得歸咎於這一時代的風氣。在這一時代的風氣下，大家都妄逞著才華，大家都不願意，也不能夠在性情的深處爲做父母的人想一想，爲青年想一想：究竟學校的目的還是要人入學？還是要橫一規定，直一規定，以阻人入學而只顯其所謂學校的嚴格？究竟教育的目的還是要人受教育？是要朝一法令，暮一法令，以限人受教育，而妄逞其所謂教育的權威？

在這裏，你要是「苟悉其情」，那就只好「哀矜勿喜」。要知所謂才華，所謂嚴格，和所謂權威，這都是一連串下來的事。而究其實，所謂才華，只是漂亮；所謂嚴格，只是花樣；所謂權威，只是作用。於是教育就成了作用的教育，學校就成了花樣的學校，人才也就只成了漂亮的人才。而要扭轉這一時代的風氣，想來想去，仍只有性情之教。這性情之教實在是會給學校一個大根本，實在是會給教育一個大方針，實在是會給時代一個大反省。只有大反省，才可以大大地扭轉來。而扭轉不過時代，就無法扭轉乾坤，同樣扭轉不過乾坤，就無法刷新世界。於此，一個學校的涮新，一個教育的涮新和一個世界的涮新，又實在是互為因果的。

我的孩子既已從你那裏不得我的允許就轉出來，而轉來轉去，終又轉入不了一個好學校。而一失學，對他的身體，是一個問題，對他的性情，更是一個問題。這使做父母的人的心，實在是沉重得不得了。如其不是沉重得不得了，那就也不會聯想及以上所述的諸多時代問題。只因為時代給人有切身之痛，所以在人間更給人重想起了性情之教。我現在要求著你多多少少能體會著我們中國以前的性情之教，去留意一下我的孩子的性情和顧照一下我的孩子的身體。在這裏，我的意思絕不是要求你不顧一些規定和法令，就讓我的孩子轉回原校去，也不是要求你不管考試成績和功課，就讓我的孩子轉回原校去。我完全不是這種意思，我並不希望人家賣面情。

我在大專學校裏，做過校長，也做過教務主任，我深知教務上的事情，我現在要援引一條現行法令，那是規定凡轉學學生轉入原校，須要經過轉學試驗的法令，就根據這一現行法令，我希望我的孩子能參加轉學考試轉回原校，在原班次讀書。

只不過我的這位孩子，纔動手術，又纔出醫院，而且醫生又曾囑咐他要好好調養，因此他對功課，實在是很難立即準備，但考試又絕不能為他一個人展期，而他又不能再失去這樣一種轉學考試的機會。這在孩子們或可不顧一切，把自己的身體作孤注之一擲，然做父母的人，總不能不教誡著他，要守身為大。於此，我會感覺到無可如何？於此，我想你也會感覺到無可如何！

我為了要遵照規定，我為了我的孩子，就連夜乘火車又乘汽車趕到那間偏遠的學校，取回你那裏發出的轉學證明書，好交還到你那裏去。我在那裏交涉了很久，但事情眞不湊巧，那間學校又把那一張轉學證件送到上級機關去了。那間學校當局自然也無可如何，便又替我的孩子另外發一張證明文件並一公函，說要馬上去上級機關取回那張證件送到你那裏去。於是我拿了這個公函立即乘長途汽車，走了半天，再到你那裏去，但你也是無可如何，不能不堅決要回那一紙證件。其實這證件只不過是左手發出來，又交回右手去的一張廢紙，但因礙於規定和法令，我不能不跑了那麼一個大圈子！只是結果還是沒有用，因為照規定那公函不行，一定要原證件。於是我又只得乘了半天的火車到那上級機關去，經過了一天一晚，我又乘了半天的火車回來，這才抽回了原發的證件交給你。這一個圈子跑得更是大，我的心情也更是惶恐。假如那一張紙找不回來，這眞要使孩子的心腸破裂著，自也會使父母的心腸破碎！我這樣的來回跑著，跑了一次，又是一次。我平生沒有求過什麼人，可是爲了孩子的入學，我到處求人。我生平沒有碰過什麼壁，可是爲了孩子的入學，我到處碰壁。我想了又想：我這樣磕頭碰壁，碰壁磕頭，究竟是爲了什麼呢？我自己一出學校就辦學校，辦教育，辦到現在，結果竟連自己的長子入學，也經過了這麼大的磨折。我有時因爲氣了，就很想斥責著我的這位長子，但當我一想起我的這位長子，不僅僅是我的長子，而且還是我的近八十歲的老父老母的長孫時，我便又什麼氣也不能發作了。

其實我的這位長子也眞是故事多端。當我們夫婦到歐洲不久時，他便在巴黎誕生了。隨後把他放在一位法國人家裏養育，直到四歲，才帶回祖國。他一句祖國的語言都不懂，他一切都要重新學習。但我們生活的環境，則因國內的抗戰東奔西跑，以後更因大陸的淪陷，而異域流亡。他實在不是不聰明，他實在只是沒有好好的學習著。他的功課不能特出，而只能僅僅夠得上水準，夠得上升級，那也不是由於他不肯用功，不肯向上，不肯學習。加之，他的鼻子，一病就病了好幾年，他總是忍受著很多方面的責難，他總是沉悶著，他總是感覺到人世間的同情之缺乏。他像是十分勉強地挨過著日子，挨過著歲月。要是我這一次不爲他想盡法子，轉回原校，他眞是不知道會跌落到怎樣的一個地步。我因此又想到多少青年們，有了他那樣的遭遇，可是就不一定也會有我這樣心情軟軟的爸爸了。

我在這次爲了一張紙而來回奔跑的火車廂中，我要車童泡了一杯茶喝。可是茶杯放在我的旁邊，當我的手指微微一碰時就破了，茶傾出來，我的手指也被碎玻璃弄出了血。但不久車童來了，說我打破了茶杯，要我賠償。我當即賠償了。旁邊的人出來說話，說是茶杯原本是壞的，車童不好意思，於是又泡一杯茶給我喝，而我也就獲得了一個大安慰。假如那車童是一位家長，他送一位破茶杯似的孩子到你的學校裏，以後孩子出了毛病，並且還傷了你的手指，同時那家長又要問你賠償。這時你將如何？在這裏，教育上的兩條路分明擺在眼前：眞能夠瞭解教育事業是一種無可如何的事業，從而賠償就賠償，不復去過問著茶杯原來的壞，似此內恕孔悲，終於人家也會重新泡杯茶，讓你獲得一個安慰，這便是性情之教。反之，茶泡上來了，你檢查茶杯，考試它，壞了的要車童拿回去，你可以不傷手指，更可以不必賠償。於是你精明，你能幹，你也顯得十分有辦法，你知是知非，知進知退，知分寸，知好歹，你一點也不馬虎。從此你可以訂立許許多多的法令條文，制就許許多多的規定限定。你儘有你的伎倆，你儘有你的把握，你也儘可以讓人家稱讚你，佩服你，並十分感覺到你的才華之美。只不過你也決不能讓那車童甘心自願而盡義務給你重新泡一杯茶。這就是大家目前所從事的教育。

但在這裏我又要肯定地對你說：我這位孩子，不僅不會是壞茶杯，而且是一個好茶杯。他的本性好，本質厚，他不會薄，所以他不會破，因之，他決不會傷你的手指。而我這樣一輩子辦學校、辦教育的家長，也決不會是要人賠償的車童，因之，你也儘可以對我十分放心著，你無所用其提防！

我希望在轉學考試後，只要我的孩子的考試成績不十分差，勉強夠得上水準，就請你念著我的孩子的性情，念著我的孩子的身體，並念著我的孩子以前在你那學校裏已可以夠得上水準的成績，而讓我的孩子轉回原校，以了我下對孩子，上對老父老母的一番大願。我因爲自己是多年辦學校、辦教育的，所以就連帶說了一些有關當今學校和當前教育的話，實在是太長了。敬祝

教安！

附：十四念——有關鄭公祠

三十八年夏謁鄭成功祠後赴港，越兩年來此，今又已兩年。我竟似古禪師所云：「向不變異處去，去亦不變異。」我又像古禪師所謂：「當時如在燈影裏行。」憶三十五年前在小學作文時，老師以「我理想中人物」爲題，我即以鄭成功爲答。因其反清復明，取臺灣於荷蘭人之手，故夢寐中，久見其人。而祠中之像，亦極似我夢中所見。祠在臺南市區，馬路縱橫，汽車來往。只祠前一大榕樹，祠後一株古梅，像隔斷著一切。鄭公塑像，入門即見，一切朗然。但當一謁時，竟只有天在上，只有像在前，一切寂然。大榕樹雖是只有一株，但新根成林，老根已斷。古梅相傳爲公手植，但新枝叢茁，老枝已枯。因之，我便默默有了如下的十四念。此念中心藏之，凡二十餘年，若斷若續，時取時捨，爲詩爲文，有所不顧：

第一
古黃帝的子孫，像是大都忘了古聖古賢，本性本眞，
因此，便像毒蛇似的放出了毒燄，放出了毒燄：——
爲什麼，爲什麼，爲什麼像毒蛇似的放出毒燄？
噫，我們這，我們這，我們這黃帝的子孫！
是的，你儘可來一航駛，駛向那太平洋的邊沿，
那兒是安放著四個大海，更海內無數的血洗的荒城，
而且你更可跑去那古老的絕塞，你更可跑去那古塔的旁邊，
你更可跑去那枯竭的湖畔，你更可跑去那雪壓的山巔；
那兒你當眼見那絕塞的烽火，那兒你當眼見那古塔的妖氛，
那兒你當眼見那湖畔的淚濕，那兒你當眼見那雪的洪水，打上山巔；
看！這便是古神州的綠野，這便是古神州綠野的今天，
這兒是燃起了通天的野火，這兒是絕滅了灰白的炊烟。
這在古昔，你儘可逐居水草，這在而今，還仍然是星斗滿天，
只無數的毒蛇，頻頻伸首，射出了鬼綠的毒燄。
就在這，我們呼吸著，我們是古黃帝的子孫，

就在這，我們呼吸著，我們也正是古蒙古利亞人。
這便成就了異樣的隊伍，作成了兩樣的劃分：
一方面是猙笑，另一方面是悲憤。
便是巴黎與紐約，日內瓦與倫敦，便是柏林與羅馬，以至荒落的農村，
全都有，全都有，全都有我們的敵對，我們的歹人。
便是巴黎與紐約，日內瓦與倫敦，便是柏林與羅馬，以至荒落的農村，
全都有，全都有，全都有我們的兄弟，我們的友人。
最是顫悚的一夜，北望著雪的戎邊，
更無數的星斗，伴我們直達清晨。
看，在星的醉眼裏，全世界的努力，是打成一片，
看，在星的醉眼裏，全世界的扭轉，是到達了最後的時辰。
跨出那太平洋的彼岸，走向那歷史的途程，
於是我們的一群，不復是四百兆，於是我們的一刻，已遠超越了五千年。
前有海之三島，轟擊著海之一邊，
這是什麼把戲？這成就了怎樣的預言？

現在兄弟們可苦了，因又是一度的被騙！
看無邊際的災難，不又是呈現在眼前？
和平，那像是古美妙的傳說，而且還沒有了，
有亞細亞，歐羅巴，阿非利加，更那阿美利加，澳大利亞的驚顫，
整個宇宙和世界，是要求著自由，要求著生存。
有亞細亞，歐羅巴，阿非利加，更那阿美利加，澳大利亞的悲憤，
你古宮裏三數人們，在談論著什麼？
你們可知道自己是怎樣的略取，怎樣的形成？
就一任饑寒與慘變，難道就沒有大的工程？
這該是怎樣的翻騰來到？到來這黃帝的子孫！
便用鄙視的兩眼，猜望著一個並不遼遠的時辰，
那只是在若干年後，圍誦著歷史的名篇：
便有各色的人種，驚疑了黃帝的子孫：
他們是怎樣獲得了今日的自由，他們是怎樣的獲得了今日的生存？
而且全宇宙的星宿，全世界的人們，

唾棄著，唾棄著，究唾棄了一個怎樣的前塵？
像毒蛇似的，像毒蛇似的，射出了毒燄，
會也有一個時候麼？這黃帝的子孫！
重記起，重記起，我們的古聖古賢，
重提起，重提起，重提起我們的本性本眞；
是黃帝的子孫，就應該有黃帝的子孫的經典，
是黃帝的子孫，就應該有黃帝的子孫的時辰。

第一 是眞正黃帝的子孫，更應該有一個好的想景，
第二 是眞正的師友們，就更應該在忠誠，和道義裏，集合緊緊：——
我們想，我們看，我們聽：
所有擺弄於命運，而又思擺弄著命運的這全宇宙和全世界之中土的人群，
必然會作這有史以來之第一次的集合：
這是一個質，這是一個心！
這是一個電似的義道的集體，

這是一個生活得太苦惱，而又是苦惱得太平凡了的探險的一群，
這是個全宇宙生活的意志的具像，這是個力的化身，
不必著相，不必成形，在無邊際的義道裏，這是突起的一軍，
一切退後的路是斷了，一切向前向上的步伍是齊的，
這正是個全人類生活之最寶貴的模型，
而且是一個巨大無比的熔爐，這兒不拒絕任何人之親來一受陶鑄，
所以這的確還是個學校，大家的，又是自己的，人群的，又是宇宙的學校，
更那任何失掉依靠者所得自由歸依的家庭，
而且這還是個殉道者所預爲準備了的，不幸而致埋藏著烈燄的冷墓，
同時又是個生與死之交點的轉點，又是個全宇宙和全世界開始有了光和熱，
而一直到現在，才找到的這光和熱的中心，
末了，這自將更是個敢於彈奏的樂隊，更是個敢於歌唱的歌群，
於古神州之新的綠野，爲古黃帝之新的子孫，第一次彈奏著，歌唱著，
美妙的夜曲，不停，不停，永遠不停！
這又何用驚疑呢？在二十紀的中年，有新儒家的想景，

於自由的，大中國的性情之教所淨化了的「忠義堂」裏，師友們集合緊緊。

第三

在古神州的綠野裏，有黃帝的子孫的家鄉，有我們的家鄉，
但在黃帝子孫的家鄉裏，竟像一個傳說：有了兩樣，有了兩樣。
不息的火光照耀，照耀著天之一方，
起初會是夜哭伴著咒語，末了便是爆炸的聲響：
噫，在傳說裏，我們是有了我們的家鄉，
噫，在傳說裏，我們又失掉了我們的家鄉。
原分明是牢牢記在我們的心上，那兒幽黑的松風，飄浮在幽黑的松山，
更渚塞著無數不死的洞穴，惹動著涓涓不息的泉響；
也一樣是分明牢記在我們的心上，那無盡頭的溪水，是夜一樣的悠長，
夾雜了山花，夾雜了夢，更夾雜了幾百代悠悠的心響；
靜靜的流啊，靜靜的流啊，遠在千百年了，那全都是一樣，
全都是一樣微妙的低吟，低吟著溪水樣的和平的音響；
有老人們在還未獲得那墓裏的天堂，是仍然要珍惜著他們最後一刻的晨光，

是一樣再也不會放棄放棄，放棄著他們最後一次的閒散。
分明步著的斜坡，有起伏如夢的蒼茫，
但一樣總還要凝視凝視，凝視朝露兒閃著的落寞的晨光。
兄弟們會自有他們小小的田土，姐妹們會自有她們冷冷的新裝，
祖先們會自有他們淒清的墓穴，孩子們會更自有他們不息的搖籃；
究竟時候是多麼久？又是多麼暫？沒有人知道，沒有人思量，
而只對頓然的一度火靶的高舉，才震憾於那兒的火的聲響！
看，有人類的欲求，又何嘗兩樣？要的是自由，要的是生長，
看奇變的到來，更何須慌張，未爆發的火藥，先是埋藏。
會究有多少人兒聚集在山間？會究有多少被毀卻的屋瓦，集在火場？
會究有多少那全人類的死者，死了，寂寂地並不須要哀傷？
更一些人兒，遠遠的流浪，方向是墓地，方向是刑場？
這都無須問了，無須問了，總之沒有了家鄉，沒有了家鄉。
而是有整個兒世界的離隔，而是有整個兒歷史的荒唐，
而是有整個兒血腥的人類，而是有整個兒的葡萄酒漿；

看古神州的綠野，是早已枯黃，古黃帝的子孫探問麼？
背向著天那邊欲泣的蒼茫，太陽究出自哪一方？
這是必然的：太陽是出自東方，太陽是出自海上，
那會是歷史的開場，那也會是歷史的終場；
是黃帝的子孫的家鄉，是我們的世代的家鄉，
那終會是一個永恒的家鄉，那終會是一個無限的家鄉。

第四

「現在我們所說的，是我們知道的，我們所見證的，是我們見過的，」
總之，是一個失了信心的時候，就是魔鬼的時候，也就是奮起的年頭：——
奮起——我們的年頭！
有硬心的全命運的嘲弄，有血洗的全世界的流離，
有笨重的全歷史的哀悼，有如醉的全宇宙的驚疑；
在未必是遼遠遼遠的將來，已然是遼遠遼遠的過去，
我們究一共生活了多少年？苦難教我們忘了年歲。
奮起——魔鬼的時候！

不可以歌嗎？歌唱著古老的戰曲，古老的勝利，
這夾雜了一個古老的傳說，和千百萬這傳說裏的古老的奴隸。
不可以愛嗎？我們潛藏著的情愛無比，
只是玫瑰花已不再香了，有時代的風雨，打落了，生疏了，
——生疏了我你。
奮起——我們的年頭！
還儘有雪樣的洪水，最近更淹沒了我們，淹沒了我們的廬舍，
淹沒了我們的大地，
我們淒息涕淚在山巔，呆呆看水淹了的什麼和甚麼呢？
念往日枯黃的禾黍，橫被踏入了錯蹤的馬蹄，
這被箝上了兄弟們的血肉，當作了天然的我們的施肥。
奮起——魔鬼的時候！
在水後如夢的大地，我們將更怎樣拾起我們的鋤犂？
我們只留有一個家，那便是壙野，自只有在壙野裏，檢閱了我們的兄弟。
看點燃著枯枝的野火，蛇舌似的上接雲霓，

該不再有枯黃的瓜果，挑向那古老的城西；
奮起——我們的年頭！
現在國土是眞的失掉了，而文物也不是我們的，
噫，臨難的時候會是怎樣呢？甚麼？我們就沒有了希冀？
唾棄著故宮裏幾百代的昇平，唾棄著古城裏幾千年的勝利，
可又酌上了滿滿的酒一杯，我們反而失掉了我們的土地。
奮起——魔鬼的時候！
縱然是更幾千年的枷鎖，鎖住了我們，鎖住了我們的手足，
鎖住了我們的兄弟，
可而今這枷鎖不已銹了麼？那並未銹了我們手足似的兄弟。
自更未必是第幾度的整個瘋狂，而是要認取我們的整個道義，
甘心做奴隸的是罪人，我們不做奴隸。
奮起——我們的年頭！
道義，其次，愛情，末了，死！——整個兒的血肉，——
整個兒的醉，——整個兒的烽火與玫瑰，

道義，其次，愛情，末了，死！——整個兒的心腸，——
整個兒的謎，——整個兒的刀槍與眼淚。
奮起——魔鬼的時候！

第五

在古神州的末劫裏，否定了自己的歷史文化，這便成了一個黃沙夢，
在這裏，有的是荒唐，有的是毀滅，有的是哀痛，
但都爲了一個遊牧的人種：——
像高張了獸商的帷幕，我們攝取了全夜色的淴濛，
果眞不妨捲伏起麼，捲伏起白日的歌偭？
這有如鞭策著千年的銅馬，我們鎚擊著我們起伏的心胸，
那可會有甚麼聲響？響澈著異樣的天空！
自無始以至無終，自無始以至無終，
我們是有我們特有的宇宙，我們是有我們特有的夢。
我們會夢見籠罩著的兩樣的天空，有天空下的行人，來往憧憧，
他們會像一群雪的隊伍，一隊隊來自積雪的山中。

於是聚集著，聚集著，聚集著異樣的人叢，
要問人間的歲月麼？那便異樣的矇矓。
自更會夢見著兩樣的世界，有一世界是這樣的不同：
那兒會只爲了過度的喜悅，才頓增了過度的哀惘。
而且恐懼著，一切在恐懼中，
對恐懼著的火樣的情熱，對恐懼著的火樣的心胸！
看全宇宙的二度惺忪，是寥落的星宿，如醉如夢，
饑餓是怎樣的？死亡是怎樣的？總有一代的人類，會全然不懂。
可而今要問我們的綠的原野麼？或是我們的青的天空？
可而今要問我們的山頭的白雲麼？或是我們的幽黑的千年的山洞？
儘古神州的末劫洶洶，更全人類的烽火，於天邊眼底隱約地熊熊，
更全宇宙的星的閃爍啊！
看腳底是無邊際的沙田，沙深及踵，又頓然是千百年來的一陣捲地的狂風，
果還要問隱隱中風動著的水草麼？更幾百代的我們的不世的光榮！
噫，黃沙蔽空，一個黃沙夢，

我們會都是不肖的兒孫，面對著古遊牧的人種！
我們豈爲了我們特有的荒唐，會再一度被毀滅於一個更野蠻的人種？
我們竟把我們的歷史文化的光榮，換來了一個奇異的歷史文化的哀痛。

第六

「在壙野裏，有人聲嚷著」，野火顯明給黃帝的子孫的，是夢幻，
但「行眞理的，必就著光」，黃帝的子孫，終於會夢幻著偉蹟，
夢幻著神像：——
我們頭頂著一輪明月，月色溶溶，我們遙對著一個塔影，塔影涳朦，
這有如供諸神像，眼前是一族野火，這寂然一族野火呀，火光熊熊。
圍著這野火的，是一群兒童，一番跳躍，
圍著這兒童的，是夜的荒涼，夜的淡漠，
只火光照耀著兒童，照耀出緋紅，更照耀出一個緋紅的幻樂。
是古酋長給奴隸們反抗著專橫，反抗著無禮，反抗著命令，
反抗著以美女郎爲恩物的賜與，
更反抗著放棄這古酋長之頭顱的奪取，——

這故事，再給我們這孩子們夜演著，孩子們歡喜。
這頓然像打入了無邊際的狂潮，有塗山夫人對禹的呼號，
更那火葬積薪裏的人魚兒的慘泣，伴著這迷茫的白夜裏的火的微笑。
從這火光裏，透出的是遙遙的人間，是遙遙的人間的燈火，燈火昏黃，
而這兒孩子們的歡樂，更無窮了喲，扮演著，扮演著，
扮演著眞理，扮演著荒唐。
看！夢幻，眞誠的夢幻，強烈而又諧和的夢幻，
一個甜睡的野鹿，於森林失火之夜，所恍惚成就的夢幻，
夢幻著曠世的偉蹟，夢幻著創世的神像。

第七　「回頭是父」，說黃帝的子孫，可以永遠離開家，
永遠不回頭，這將不可思議，
「天保佑這孩子」，這永遠是母親的聲音，母親的心事，也是母親的淚。
於是孩子道：——
「在一個婦人的艱辛，漂泊，憂煩，而愁慘的，

以至渾忘死生的，暗泣的微笑裏，
我生了，我長了，我從而得到了一個世界，一個時代，一個身體，
一個歷史，一個寰宇，更從而做定了一個人間的兒子！
「母親呀，在你給我的世界裏，你的寂然微笑的淒楚的容光，
便是這人世的太陽，
加以你溫潤的苦淚，這便使我夢憶著萬物的滋長，萬象的輝煌，
「但這輝煌的夢呀，你卻不做，你放棄這權利，將這權利給我，
你希望我會因爲這輝煌的夢而微笑，微笑微笑地射出光芒，
而你呀，只讓你在你兒子的微笑裏，寂然消亡！
「然而會只是慘痛的啊，一切都是慘痛的哩，
這而今分明是有個世界隔絕著我你，
隔世的呀，你身陷落在禍亂的中心裏，隔世的呀，我隔絕了太陽，
隔絕了我母親的寂然微笑的淒楚的容光，於古神州之海隅：
「這使我驀憶淒滄，驀憶在一個夜間，雞已鳴了，
剩兩山明月，斜掛在天上，寂照人匆歸自天南，

溪水潺潺，蕩漾著橋影，閃爍著溪光，
更斜繞著一個靜謐的村莊，
是，久違了，你卻不敢開著門窗，只慘白著臉龐，
竟以爲這夜晚呀，來的又是禍患，不是兒還！
「看，這人世原早多艱，我那匆離著的村莊，不久還成了火場，父親是走了，弟妹亦早在他鄉，
你呀，怎能獨自廝守著那災殃？……誠然，你是流亡了，
流亡在你生平所僅知的唯一的遠方，
那兒是個小城，那兒你重遇到（除了我）所有的家人，
這纔如夢一場，你自又要猛憶著剩下了家園裏的瓜果枯黃！
「而這小城，竟旋又被圍困，且近一年了，近一年的爲一小城的守戰，
據說，這小城內的老幼男女都是守兵，
母親，你自也絕不熟練地參加了這歷史的奇變；
是，我亦人子，你知道，我該不曾爲輝煌的夢而微笑了，
然而只這才使淚下如鍊！

「我可要起來了，這分明另有一個世界，需求著我，需求著我的創建！
這世界是要我掉他在後頭，這呀，你不也被棄掉？——棄掉在……
啊！這事你自還會是微笑，微笑，然而天呀……天呀！……
「這使我默念淒滄，看，我如何能得這罪戾的逃亡？我生著，
我生著，我生在這樣的人間，
我知道，您，我的母親，您自還會正在那烽火裏爲我哀傷，
也還會正爲了我默念著一個春的雛燕，是呢喃於一古老的春光；
「這使我中心欲死，淚下如雨，看，我怎能長讓個世界隔絕著我你！
我可以死，我可以死，我可以因罪戾而死，因放浪而死，
然而啊，斥責了，斥責了，我還須遵母命『善攝著身體』！
「這纔恍如夢幻，夢幻一個，這隔世的哀傷，可能使夢幻重做？——
我，母親，踏上那古神州往日無邊之草茵，您且再提携著我，說道：
這兒有毒蛇在巡逡，你不要倦著貪在這兒睡臥」！
「對著那遙遙的天空，您自更會來個晚禱，說道：『天佑這孩子』，
而孩子是笑了。

他還嘗試著反抗，反抗著提携，只向著那遙遙的天空奔跑，
倦則頽然，頽然臥倒，顧不了草上的毒蛇了……
「噫，我爲什麼還須得夢幻？我爲什麼還不能清醒？
誠然，我心痛創，我心淒冷，……，我可作園丁？
其再培一古神州無邊之綠茵，那兒朝陽初醒，
我可偎傍在我母親的懷中隱隱」。

第八

「風隨著意思吹，你聽見風的聲音，卻不曉得從哪裏來，往哪裏去」？
但是一個黃帝的子孫誕生於此人間，誕生於此中土，
卻分明是一件大事：——
是無數億萬年了，無數億萬年的今古，
這生命纔一顯現了，纔一顯現於此人間，顯現於此中土；
歌聲會隱聞正瀰漫在天庭，愛情會知道是如是其普，
生命會誰也應善自珍攝，而禍亂卻長爲攝此生命的手，
看，此生多難，此生無蔕，此苦樂都須自主，

可也知道眾星辰曾夜照著這一誕生，
會自也環耀著這一誕生的人間，這一誕生的中土，
那兒會將有一埋藏著烈焰的冷墓，被夜澆以淡淡的酒。

第九

「為天地立心，為生民立命，為往聖繼絕學，為萬世開太平」！
這是千餘年來的一個課題，這或不是一個短期內的答覆，
但答覆終會來臨：——
這是站在一切的起點，這又是站在一切的盡頭，
這總得來一個答覆，因早已是答覆的時候：
一切和這接觸的，全都是窒息了的靈魂，
一切和這握著的，盡都是瘦削的手，
生命是銹了，眼淚究能滋潤出什麼？
是，這要答覆，答覆著萬彙，答覆著今古。
儘有如喜馬拉雅山之雪峯的獸跡殘存，會循此以苦憶著傷痛，苦憶著前程，

憔悴是蠢的，這瑟縮著做什麼？是，這要答覆，答覆著愛情，答覆著青春。
還急須以新的靈魂呀，和那新的血肉，答覆著密士塞必河干之頑童的夜詠，
和那萊茵河畔之少女的夜哭，
更那西北利亞之健踺的野鹿的馳鳴，
和古印度黑林裏之獅象的深嘯急促……。
而尤須以新的功過啊，伴那新的希求，答覆著穆罕默德，答覆著孔子，
答覆著釋迦，答覆著耶穌，答覆著屈平，答覆著荷馬，
答覆著沙孚，答覆著人類的救主又是人類底老奴！
誠然，這不妨溫柔，可也何妨狂暴？
只無須再嘔著閒氣，去答覆著人間的非笑，
讓生命自成晶體呀，拼著鐵的肩臂，火的心胸，電的眸子，大聲的宣說著：
「眞正的生，眞正的死」！

第十

「默默哀苦中，悟得自己只有一點靈光」，但這也夠了，——
這使一個黃帝的子孫，會恍如老丈，又恍如孩子，會嬉戲，又會嘯遨：——

他恍如一老丈，嘯遨於一高高的山上，忽然是異樣地喜悅，
喜悅地窺著彩雲的變幻，而且竟默默地有所言宣，
說他原也曾有過青春，只是這青春竟也傲岸地把世人們觸犯，
遂至橫受了死一樣的蹂躪。
可而今卻已虔誠而又惝恍地拜別著浮華，這使他，
看！他的唾沫，也異樣地爍爛。
他又恍如孩子，戲著白沙，他歡躍著，他又寂然跪下，他跪向著四方，
跪移著步伐，更跪摘著沙中的水草，沙上的鮮花。
於是又悚然計劃著，計劃著將勝利與愛情帶與人家，
是，就讓他如此老人以嘯遨吧，也讓他如此孩子以遊蕩，
他將一任世人們送著毒酒，他將一任世人們送著佳釀！
這人間於他，又何嘗寂寞呢？而且這世界會也不再乾枯了，
看！有世界的這般，有世界的那樣！
這使他寂然長燃著那靈魂的孤燈，燈光四射，
呀，對這光明的奪目，請無所用其害怕，

行見這宇宙會頓如石屋，這怎能再畏懼著愛呀？
便夢有愛人，端坐在此石屋之燈下；
那時全宇宙會全都是樂音，平舖在古神州之綠野，
且更使人驚道：惟有他這愛人呀，不是毒蛇！

第十一

是一個黃帝的子孫，終有其一個本來的面目，終有其一個固有的天地；
這便會在古神州的綠野，終有其一個過去，終有其一個記憶：——
他像是經了渾忘歲月的航行，他悚然航行於一生命的黑海，
當他如野鴨似的瞥見水草時，愈是驚駭，
噫，他是怎樣生活過來？伴著那陳腐的悲哀，滑稽的愛？
他又像經了渾忘時日的跋涉，他寂然跋涉於一生命的黑洞，
當他如野鹿似的夢見光明時，更是哀惘，
噫，他是怎樣生活過來？伴著那醜惡的想像，荒唐的夢？
憑了這一可怕的記憶，他恍然疾恨著他的過去，諒解何自？
他黯然流著那渾忘日月的冷冷的酸鹹的淚。

他更了然於眾天體與歷史，群都驚震了他的記憶，驚震了他這記憶的可怕。

歡呼，歡呼罷，生的黑海，生的黑洞，生的火靶！

第十二

「以中國為一人，以天下為一家，以天地萬物為一體」，
於此，黃帝的子孫，在萬劫裏，認識了同伴，
也在萬劫裏，認識了自己：——
我們是同歷著萬劫，我們將怎樣度過荒涼？
感謝我們的歷史喲，賜給我們同一的憎愛，
同伴著太陽的灼熱，同伴著人間的死亡。
且讓我們永是同伴吧，同伴著太陽，同伴著人間，
且讓我們永是同伴吧，同伴著時代，同伴著世界，
同伴著時代的濁酒，同伴著世界的血塊。
似正同呼吸著火雲，突於夜空以飛渡，
且讓我們永是同伴吧，同伴著宇宙，同伴著中土，
同伴著宇宙的歡呼，同伴著中土的震怒。

竟忽憶舊日一同伴，他給我們痛哭暗笑與聰明，
且讓我們永是同伴吧，同伴著野火，同伴著晨星，
同伴著野火的蛇舌，同伴著晨星的淒清。

第十三

「毀了的殿，三日後又建造起來」，這便要滿飲一杯，
是黃帝的子孫，佔據著新史的篇幅，總是應該，總是應該：——
於今滿飲一杯酒，會恍然於一世的低首，
這使黃帝的子孫，意識著億萬千的人群，
生著，死著，生著，死著，生死的尸骸，都充滿著酒精，
爲了自由呀！又爲了友情；
且更充塞著穿拖囚服與枷鎖的人民，自從那日，直到而今，他們正識雄豪，
正識思想，正識溫情，這使人醉夢著古傳說裏之精靈，
會以天下爲介殼，彩飾如銀，誘人迷茫地招手呀，有如墓塋。
於時古天庭之樂師，寂然燃著紅燭，於古神州的原野，彈奏著人間的小曲，
嘻，快把囚服枷鎖，堆成一堆，再澆上澆上，美酒眞情與血肉，

於是「鳳鳥至，河出圖」，野火也燒成碧綠，便請聽呀，
這行將製譜的新史的篇幅！

第十四

「唯鳥獸不可與同群，吾非斯人之徒與而誰與」？再加以神的震怒，
這使黃帝的子孫，會成新的使徒，
然於此終有其最後的抒情，亦即最後的省悟：——
夜，——一個都市的夜，有人蟄伏於一死樣的房間，
更索性息滅了孤懸的電火，因更緊閉了他的雙眼；
他便設想，他設想太陽初一度發射的熱量，
他便設想，他設想宇宙初一度放射的光芒；
看，這最初的心緒——這最後的惆悵，這最初的希冀，——這最後的哀傷，
這有什麼？這有什麼？此心安閒，此心安閒；
念悠悠逝去的江水，長讓人呆呆佇立於沙灘，
他可能憑弔什麼，對江邊巍巍的遠山？
看來因，尼羅與湘水，更黃河揚子之浩蕩，

儘有秋月與燐火，更夜螢不斷的飛翔；
且一年又一年了，對熟悉粼粼的湖光，
他究能懷念什麼，對這不息的懷想？
看太湖西湖與青海，更洞庭洪澤與鄱陽，
儘有偏舟與蘆葦，更湖濱塔影之蒼茫；
猶憶爬登著，爬登著，爬登著古老的峯巒，
他可有什麼嘆息，對山巔白雲之迴環？
看喜馬拉雅，阿爾泰，更崑崙五嶽與廬山，
儘有啼猿與積雪，更雪中獸跡之斑爛；
亦曾瞭望於大海，寂寂端坐於海之灣，
他可不是連感慨都忘了麼？對海上沉沒了的夕陽？
看黃海渤海與東海，更水如眸子之天南，
儘有人魚與散髮，更夏風拂起之狂瀾；
噫，這有什麼，這有什麼，此心淒滄，此心淒滄，
縱停息了眼前的燈火，但終無由停息人間的呼喊！

你，——慘叫著的人間啊，又如何能打動凶人們的心腸？
你，——剩下最後的抒情啊，總該緊接著一個性情中的力量！
會有全人類的脫髮蒼顏，像西北利亞的戍地，放置著希望，
這經了多少艱辛，多少滄桑，終於落在黃帝之子孫的身上！
是最後的希望，也是最後的惆悵，是最後的抒情，也是最後的哀傷，
神的震怒，人的叫喊，閉不了雙眼，閉不了雙眼；
清明會在天上，清明會在身上，清明會在黃帝的子孫的身上，
黃帝的子孫，會有了伸張，我人會有了伸張，一切會有了伸張；
是新的歷史，就有新的篇章，是黃帝的子孫，自有新的擔當，
是新的儒者，就有新的氣象，是黃帝的子孫，自有新的模樣；
總之，黃帝的子孫，會有其一個眞的熱度，眞的光芒，
眞的憑弔，眞的哀傷，眞的飛翔，眞的懷想，
眞的嘆息，眞的淒滄，眞的感慨，眞的陽光和眞的力量，
因之，黃帝的子孫，會總有其一個簡單化的心腸，會總有其一個好的心腸！

大中華民國四十年於臺中市忠義橫巷

NOTE

NOTE

NOTE

國家圖書館出版品預行編目資料

山地書 / 程兆熊著. -- 初版. -- 新北市：華夏出版有限公司,
2022.03

面；　　公分. - -（程兆熊作品集；04）

ISBN 978-986-0799-91-0（平裝）

1. CST：臺灣遊記　2. CST：登山　3. CST：旅遊文學

733.69　　110022546

程兆熊作品集　004

山地書

著　　作　程兆熊
印　　刷　百通科技股份有限公司
　　　　　電話：02-86926066　傳眞：02-86926016
出　　版　華夏出版有限公司
　　　　　220 新北市板橋區縣民大道 3 段 93 巷 30 弄 25 號 1 樓
　　　　　電話：02-32343788　傳眞：02-22234544
E-mail　pftwsdom@ms7.hinet.net
總 經 銷　貿騰發賣股份有限公司
　　　　　新北市 235 中和區立德街 136 號 6 樓
　　　　　電話：02-82275988　傳眞：02-82275989
　　　　　網址：www.namode.com
版　　次　2022 年 3 月初版一刷
特　　價　新台幣 300 元　（缺頁或破損的書，請寄回更換）

ISBN-13：978-986-0799-91-0
EISBN：9786267134030 (PDF)